Louis Nicollin

LE FOOTBALL EN HÉRITAGE

ISBN : 978-2-263-18702-5
Code éditeur : L18702
Dépôt légal : septembre 2024

Retrouvez-nous sur www.lisez.com
serviceclients@lisez.com

Solar, un département d'Édi8

Jean-Marie Lanoë

Louis Nicollin

LE FOOTBALL EN HÉRITAGE

SOLAR

Préface

Par Laurent et Olivier Nicollin

Il n'est pas simple d'écrire quelques mots sur une personne qu'on aime. L'exercice se complique encore quand cette personne est son père.

Ta vie, de Saint-Fons à Marsillargues, aura balancé entre poubelles et football, entre raison et passion, entre humilité et excès.

Tu aimais les hommes de l'ombre, qui se lèvent tôt pour nettoyer les villes. Tu avais un profond respect pour eux. Tu tenais ce respect de ton père, notre grand-père Marcel, qui t'avait placé jeune derrière la benne.

Tu aimais également la lumière du football. Une passion acquise très jeune en supportant l'OL, puis en créant avec Bernard Gasset le Montpellier Paillade Sport Club, en passant par la case « foot d'entreprise » en cachette de ton père.

Bref, une vie passée entre rationnel et irrationnel, entre la succession dans l'entreprise familiale et la création du club, ces deux entités que tu devais faire grandir.

Cette « charge » n'avait d'intérêt pour toi que dans le partage, l'amitié et les rires : « pas de temps à perdre avec des cons », à traduire par : le travail est important, difficile et valorisant, mais il n'a aucun intérêt si on ne s'amuse pas.

Alors le week-end tu chargeais les voitures, avec Bernard, Coco, Gilbert, Jeannot, Beki, Michel, Francis, pour partir à Créteil, Brest ou Montluçon. Et, comme dit l'adage, ce qui se passait à Montluçon restait à Montluçon. Le lundi marquait le retour au travail « classique » avec joie ou agacement en fonction du résultat du match.

Et puis ta famille !

Paulette, ta mère, et Colette, ton épouse, qui, dans le calme ou la tempête, restèrent ta boussole et ton cap.

Et nous ! Tes fils ! Ton fil rouge, ton fil conducteur !

Au milieu de tes passions multiples, nous étions tes amours. Incapable de nous le dire directement, tu utilisais tes potes, nos « tontons », pour nous glisser des messages.

Peut-être pudique, ou tout simplement ne trouvais-tu pas les mots. Peu importe.

Maman a été la base de notre éducation, toujours présente et très protectrice. Toi, tu n'étais pas un professeur. Tu ne nous expliquais pas la théorie. Tu nous as mis derrière un camion pendant les vacances scolaires dès l'été de nos 14 ans pour nous apprendre la valeur du travail.

Tu nous as faits sur le tas. Comme ton père l'avait fait pour toi.

Tu nous donnais rapidement des responsabilités. « Tu es le fils du patron, alors tu dois arriver le premier et partir le dernier, tu dois montrer l'exemple. » Tu nous laissais nous planter, pour qu'on apprenne de nos erreurs. Nous avons, d'ailleurs, pris quelques secousses. Certains collaborateurs du groupe ou du club en connaissent l'intensité.

Tu n'étais pas surnommé « le grizzli » pour rien, pouvant être bienveillant comme un ours en peluche, comme tu le seras avec tes petits enfants Baptiste et Agathe que tu auras vu grandir, puis nous assener un coup de griffe en cas d'erreur.

Alors que certains aiment le chef d'entreprise, que d'autres lui préfèrent le président de club, le manadier ou le collectionneur de maillots, peu nous importe.

Nous, on te dit juste : merci Papa, on t'aime.

Laurent et Olivier Nicollin

1

PETIT GONE DEVIENDRA GRAND

« Que chacun sache, que son poste soit élevé ou bas, que le rang et la réputation d'un homme seront déterminés par l'ampleur du travail qu'il accomplit, et non par la taille de son personnel, de son bureau ou de son budget. » John Fitzgerald Kennedy avait également dit qu'il était nécessaire de « tout connaître des gens qui travaillent pour vous ». Quant à Louis, il aimait rappeler plus prosaïquement que « l'entreprise, c'est comme une famille. Sur les cinq mille salariés du groupe, j'en connais plus de trois mille. Quand t'es patron, tu dois serrer les louches ».

Alors, en voyant, le jour de son enterrement le 4 juillet 2017, ses employés tout de jaune vêtus, former une haie d'honneur et applaudir au passage du convoi mortuaire en route pour le cimetière de Marsillargues, on ne pouvait s'empêcher de penser à la trace indélébile laissée par leur patron, adepte sans le savoir, et à sa façon, des préceptes du président américain. Quels ouvriers, aujourd'hui, se presseraient sur le bord d'un chemin pour applaudir la dépouille de leur défunt responsable ? Extraordinaire image d'une France d'autrefois ressuscitée par un deuil immense.

Mais de quoi Louis aurait-il été le plus fier ? De l'amour de ses employés ? De celui du millier de gens qui se pressaient quelques minutes auparavant sur le parvis ensoleillé de la cathédrale Saint-Pierre et ses terrasses environnantes ? Des politiques présents à la cérémonie, président Sarkozy inclus ? Ou de ses amis du ballon rond ?

L'un de ses plus chers, Michel Platini, témoigne aujourd'hui : « J'étais en voiture derrière Colette. On est partis du mas Saint-Gabriel jusqu'à la cathédrale ; il y avait partout des camions ; partout les employés le long de la route qui applaudissaient. Je n'ai pas pleuré souvent dans ma vie mais là, oui, beaucoup, avec Christelle à mes côtés qui pleurait aussi. Les gens, dans les champs, s'arrêtaient pour se recueillir. Et ça, c'est l'histoire de sa vie. Oui, l'amour des gens qu'il a suscité m'a fait chialer dans la voiture. C'était tellement beau, triste, émouvant, dur. Un moment difficile. En principe, un patron… » Oui, en principe, un patron ne laisse pas derrière lui tant de larmes. « C'était un saint, un élu », sanglotera Michel Mézy le lendemain…

Et avec Platini et Mézy, les Blanc, Aulas, Courbis, Al-Khelaïfi, Guy Roux, Girard, Santini, Gili et consorts, sans même parler des joueurs. Cette unanimité autour de sa personne ne souffrait aucune contestation. Pas une voix discordante. Malgré ses frasques, son caractère, ses excès. Et si ce n'étaient pas les funérailles d'un homme d'État, ce furent celles d'un homme d'un club, d'une région. Qui n'était pas la sienne. Une autre victoire. « C'est impossible que je quitte La Paillade, disait-il ; je quitterai ce club entre quatre planches, c'est tout. » Il n'y avait pas de plus belle supplique.

« Fils unique, c'est pas marrant, des fois, tu t'emmerdes un peu »

Saint-Foniard. Louis Nicollin fut d'abord et avant tout un Saint-Foniard. Un habitant de Saint-Fons, à cinq kilomètres tout au plus au sud de Lyon. C'est dans cette cité industrielle tout entière dévouée à la chimie, coupée en deux par la Nationale 7 chère à Charles Trenet, à l'ombre de la plus haute cheminée de France à l'époque, celle des usines Saint-Gobain, qu'il a grandi, bien que né à Valence le 29 juin 1943. Sa maman Paulette, née Blay, était en effet originaire de Saint-Paul-lès-Romans dans la Drôme où Louis passera toutes ses vacances jusqu'à son adolescence. Son pépé du côté de sa mère y avait été chef de gare.

Le père Marcel, lui, en était un, de Saint-Foniard. Un pur et dur. Il avait perdu jadis un œil quand il travaillait à la PLM – Paris-Lyon-Méditerranée – avant que celle-ci ne soit intégrée à la SNCF en 1938, puis s'était tourné vers le commerce de charbon au lendemain de la guerre. Avec, chevillée au corps, au cœur et à l'âme, l'idée que l'ascenseur social passe nécessairement par le travail. Un bosseur infatigable, le Marcel. Dix ans d'écart le séparaient de son épouse Paulette qui s'était mariée avec lui à 17 ans. Pendant la Seconde Guerre mondiale, le couple habitait le quartier lyonnais de Vaise, près de la rive droite de la Saône, mais un bombardement les fit repartir de zéro à Saint-Fons. Là, sa petite entreprise et son entregent lui avaient donné une notoriété certaine. S'il n'aimait pas le foot, « un métier de fainéants », il était devenu en 1949 président de la Société nautique de sauvetage, le Rhône pas encore bien domestiqué noyant régulièrement les terres quand ça n'était pas quelque imprudent venu s'y baigner. Chaque année, une fête arrosait, si l'on ose dire, tout Saint-Fons qui se régalait de musique et de joutes. Trois ans plus tard, Marcel créait une école de natation, les enfants de Saint-Fons allant nager à Lyon, piscine Garibaldi. Il deviendra bien plus tard le président de la Fédération française de joute et de sauvetage nautique. Bref, dans sa bonne ville de Saint-Fons, Marcel jouissait d'une superbe réputation bien méritée.

Présent sur bien des fronts, payant de sa personne et avec ses camions, Nicollin père accompagnait volontiers de jeunes travailleurs des jeunesses ouvrières chrétiennes jusqu'à l'ancienne gare des Brotteaux, à Lyon, pour leur départ en vacances. Il aimait multiplier ce genre de coups de main. Aux yeux du jeune Louis, son père, c'était donc quelqu'un, et pas qu'un peu. D'autant plus que la popularité de Marcel avait encore pris de l'ampleur à l'automne 1947. L'anecdote est connue, la datation nettement moins. La France a du mal à se reconstruire après-guerre. Pénuries et rationnements en tous genres, salaires en berne, gouvernement en perpétuels remaniements ; fin novembre, Lyon n'échappe pas à la colère collective de ses employés municipaux : ceux que l'on appelle les « boueux » sont en grève. Ils demandent des hausses de salaire. Devant l'ampleur des débris essentiellement végétaux (peu ou pas encore de plastique à cette époque) qui s'amoncellent dans les rues de « sa » ville, le nez maltraité par les odeurs d'humus en décomposition, les négociations avec les syndicats restant au point mort et alors que les rats s'en donnent à cœur joie, le maire Édouard Herriot ordonne la réquisition de camions non militaires pour nettoyer la grande cité. Dont celui du père Marcel. Son fils a déjà raconté cette histoire maintes fois : « Mon père était au volant d'un de ses camions et c'est Édouard Herriot en personne qui l'a arrêté pour lui dire : "Vous remercierez votre patron pour moi !" Mon père lui a répondu : "Mais c'est moi, le patron !" Quinze jours après, il avait les marchés de la ville de Lyon. » Les souvenirs enrobent, enjolivent, déforment naturellement. C'est en fait deux ans plus tard que Marcel a obtenu très exactement la concession de tous les marchés alimentaires de la ville de Lyon et c'est ainsi que naîtra la société de ramassage d'ordures Nicollin. Sur un vrai clin d'œil du destin. « Coup de chance car il y avait beaucoup de camions ce jour-là. Mais dans la vie de tous les jours, il y a souvent un jour de chance qu'il faut savoir saisir », commentera « Loulou », bien plus tard. Improbable rencontre d'un illustre maire de la deuxième ville de France, à l'époque, et d'un modeste mais pugnace négociant en charbon. Adieu anthracite, adieu boulets (le fioul ne chauffait pas encore) et vive les ordures !

Du coup, ses deux parents travaillant d'arrache-pied pour faire croître et embellir leur jeune entreprise, Louis sera essentiellement élevé par sa grand-mère paternelle et, faute de frère ou sœur, aura un pote, un ami, un frère, qui le restera tout au long de sa vie, Gilbert Varlot, futur directeur général du Groupe Nicollin – plus tard, beaucoup plus tard. « Je n'ai jamais manqué de rien, ni d'affection ni d'argent. Juste peut-être d'un frère parce que, fils unique, c'est pas marrant ; des fois tu t'emmerdes un peu. Heureusement, il y avait les copains », confiera Loulou avec sa sobriété coutumière lorsqu'il s'agissait d'exprimer un ressenti sentimental.

Marcel, Paulette et Louis vivaient rue Francis-de-Pressensé, entre la voie ferrée et la N7, puis emménageront dans un immeuble au 47 de la rue Carnot, de l'autre côté de la nationale. Varlot habitait dans la même rue mais au 33. Une fois réunis, ils fréquenteront donc la même école communale : le groupe scolaire Paul-Langevin. Très amis, leurs paternels étaient aussi proches qu'eux-mêmes le deviendront. Leur proximité se « géographiera » encore davantage quand les Varlot rejoindront les Nicollin au 47, rue Carnot, les premiers au deuxième étage et les deuxièmes au premier… C'était parti pour toute une vie. Nos deux amis passeront en sixième chez les jésuites de l'externat Saint-Joseph, rue Sainte-Hélène, en plein cœur de Lyon, non loin de la place Bellecour.

Mais, on l'aura deviné, la piété n'était pas la préoccupation numéro un du jeune Nicollin, qui adorait taquiner le ballon avec ses amis sur l'immense place Durel qui accueillait le marché de Saint-Fons. Une fois passé sa communion solennelle, il lui préférera le sport, même si l'abbé Pierre en personne avait été ordonné prêtre quinze ans auparavant à Saint-Joseph. Loulou, lui, préférait de loin, adulait même, le cycliste Jean Forestier, vainqueur du Paris-Roubaix en 1955 devant Fausto Coppi et Louison Bobet, quatrième du Tour de France 1957. Il faut préciser qu'il habitait Saint-Fons, rue… Francis-de-Pressensé, là où les Nicollin vivaient ! Autant dire que Louis bichait comme un pou et pouvait l'approcher de près n'importe quand.

Et puis, le football s'en est mêlé via l'OL. Le père Marcel n'appréciait pas ce sport, contrairement au père Varlot, et les deux gamins tannaient leurs parents pour voir un match de foot à Gerland. Une première fois, la mère de Louis, inquiète, s'y opposa. Il s'agissait pourtant du match au sommet Lyon – RC Paris, vital pour une remontée en Division 1. On imagine volontiers Louis s'écriant : « Maman ! Tu ne peux pas me faire ça ! En face, il y a Vignal dans les buts et Cisowski ! Ça va barder ! » Remis à une date ultérieure, le bonheur déboulera quelques mois plus tard. Car c'est accompagnés du père Varlot que Gilbert et Louis se rendront, à pied, une toute première fois, à Gerland, stade mythique à leurs yeux d'enfants, construit par Tony Garnier en 1920, déjà sous l'égide d'Édouard Herriot. Deux heures de marche, huit kilomètres à pied, mais, malgré la présence déjà insistante des usines et de leurs odeurs d'hydrogène sulfuré dont ils ne se rendaient même pas compte, le paysage était plus bucolique qu'il ne l'est aujourd'hui. Moins urbanisé. Et plus fréquentable pour des marcheurs. Les mouflets n'avaient pas perdu au change à ronger leur frein puisque Lyon-Troyes était un autre match au sommet, qui s'acheva sur un exaltant 4-4. En face, le capitaine n'était autre que Pierre Flamion qui était monté avec Lyon en D1 trois ans auparavant. Le traître… Les deux clubs regagneront l'élite en fin de saison. Cette toute première fois restera bien évidemment gravée dans la mémoire de Louis et de son ami. Le défenseur André Lerond, même s'il n'a pas joué, était son idole absolue, et deviendra celle de toute une région lors de la Coupe du monde 1958 en Suède, puisque seul Lyonnais d'une équipe de France un tantinet rémoise...

Le « gône amour » est donc en marche, il ne pouvait pas mieux débuter. Inséparables, nos deux amis écument la « Vogue aux marrons », grande fête foraine de la Croix-Rousse, en s'empiffrant de matefaims mais surtout retournent régulièrement à Gerland, y assistent à leur premier derby contre Saint-Étienne. Faute de télévision, Louis dévore *Miroir Sprint* et toutes les revues qui ont trait au ballon rond, à commencer par l'OL, bien sûr, et le cyclisme. Seulement, plus ça va et moins ça va. Le pré-ado qu'il est ne brille guère en classe ; il a d'autres préoccupations.

Nicollin ne figure pas en effet sur le listing des anciens élèves de l'externat Saint-Joseph (devenu depuis lycée Saint-Marc) à Lyon. On ne l'y retrouve évidemment pas avec les « ecclésiastiques célèbres », dont l'abbé Pierre ; pas plus chez les « hommes de lettres et journalistes », les « hommes politiques », ceux de « l'art et du spectacle », ni même enfin parmi les « hommes d'entreprise » ! Voilà ce que c'est que de se faire plus ou moins virer d'un établissement jésuite fort huppé. Louis n'y aura sévi que deux ans, en sixième et cinquième, et Saint-Joseph l'aura rayé de sa mémoire… officielle, ne retenant que ceux qui ont terminé leur chrétien parcours jusqu'en terminale. S'il était encore parmi nous, Louis dirait, toute truculence dehors, « qu'il n'en a rien à… » (au choix un verbe du premier ou du troisième groupe, pas difficile) et il devait le clamer – ou le faire comprendre – déjà de son vivant. Lerond, son idole lyonnaise, et Forestier, oui, le bénédicité, non.

Aussi Marcel, qui ne plaisantait pas et que craignait tout de même son fils, décidera-t-il dans un premier temps de le placer dans une boîte à bac, le Cours Pascal, pas très loin de Saint-Joseph, pendant que son pote restait chez les jésuites. Pour séparer le duo, espérant que son fils, du coup, reprendrait ses esprits ? Et pour lui faire avoir aussi son bac, de gré ou de force ? Peine perdue. Trois fois, Louis échouera à l'examen final… Mais il ne se donnera jamais tous les moyens pour. En attendant, il devient une sorte de légende là-bas. Bon en maths mais nul en français. Lors d'une dissertation, il aurait rempli – introduction, développement, conclusion – des pages sur… l'OL ! « Je m'étais fabriqué un double carnet de notes, se souvient-il pour *Le Point*. Mes parents signaient le faux, et moi, le vrai. Malheureusement, mon père est devenu copain avec le prof en buvant des canons tout près, à la brasserie Léon de Lyon, et ils ont découvert le stratagème. Après, pendant deux mois et demi, mon père m'accompagnait et venait me chercher tous les jours à l'école. J'étais mal, j'avais honte. Je n'aimais pas l'école. Baudelaire, je me souviens de ce mec, il fallait apprendre toutes ses dates, ce qu'il avait écrit. Je n'en pouvais plus. Je préférais aller voir les femmes pas loin, derrière l'église Saint-Dizier. »

Deuxième décision du paternel qui voit loin : apprendre le boulot à son fils, décidément trop bohème à son goût. Des fois qu'il prenne un jour sa suite… Louis et son ami Gilbert qui ne le lâche pas vont découvrir dès l'âge de quatorze ans l'univers des boueux en débutant dans le ramassage des ordures, au cul de camions Berliet flambant neufs de l'entreprise Nicollin. Ce qui va les souder encore davantage. C'est durant les vacances qu'ils triment, faisant connaissance avec les heures indues, la fatigue et le langage fleuri des ouvriers. « Tout cela vous forge un caractère ! Les poubelles m'ont appris ce que c'était que le boulot, de prendre sa douche avec des mecs, de dire des conneries », comme Loulou aimait souvent à le rappeler.

En grandissant, il s'acoquine avec de jeunes joueurs de l'OL pendant qu'il signe ses carnets de notes à la place d'un père pas encore soupçonneux. Dans sa classe, un grand espoir du club, Jimmy Pistilli, avant-centre des cadets de l'OL, avec qui il vient au cours en Vespa, lui permet de rôder autour de Gerland, aux entraînements où il obtient du coup ses entrées. Mieux, Loulou et Varlot peuvent s'inviter aux échauffements avec les Olympiens. Lors de certaines oppositions, Gilbert et Louis peuvent même canarder le jeune gardien, future vedette internationale, Marcel Aubour ! Jean Dumas, un autre joueur de l'OL, dans la classe de Varlot, lui, fait à son tour partie du cercle rapproché des amis de Loulou, et Varlot, resté chez les jésuites, n'est jamais bien loin.

Des matches interclasses et interétablissements font rage. Si Louis est alors un défenseur somme toute moyen du Cours Pascal, se contentant, comme on le demandait à l'époque, de marquer à la culotte son adversaire, il est en revanche un bon joueur de hand puisque le week-end, à Saint-Fons, il y évolue comme gardien de buts en National 2. L'équipe de l'OL qui était donc remontée en D1, était très prisée des établissements scolaires que certains de ses jeunes joueurs fréquentaient, faute, à l'époque, de centre de formation. Et en matière de foot, le collège de Varlot était redoutable. Dans la classe de celui-ci sévissait alors Jean-Pierre Forest, fils du vice-président de l'OL,

Pierre Forest. Grâce à son piston, les cadets de Saint-Joseph purent se mesurer à l'équipe B de l'OL qui les avait pris un peu de haut. Score final : 9-0 pour... Saint-Joseph ! Une semaine plus tard, l'OL revenait avec son équipe première, incluant un jeune joueur prometteur de quinze ans que Pistilli avait présenté à son copain : Fleury Di Nallo, à la technique déjà stratosphérique aux yeux des autres ados. Appâté, Louis fera vite fait sa connaissance, à défaut d'avoir pu jouer contre lui... Mais ses magazines favoris étaient déjà remplis d'articles concernant le jeune prodige qui jouera son premier match avec les pros à dix-sept ans. « Au Cours Pascal, explique Jean Dumas, qui habite toujours Lyon, les footballeurs étaient des dieux. Notre surveillant général était le fils du gardien pro de l'OL Jean Sabathier. J'avais été ramasseur de balle quand son père jouait. Autant dire qu'on faisait ce qu'on voulait ! » La belle vie.

« Ton avenir est ici, avec moi. Un jour, tu me succéderas ici »

Un jour, un jeune pion vint surveiller la classe de Louis, en pleins devoirs. Il venait de l'école de

La Martinière et jouait en cadets avec Fleury ; il avait le même âge que Louis, *ladies and gentlemen*, faites un accueil chaleureux à... Robert Nouzaret ! C'est ce dernier qui présentera Di Nallo dit « la fleur » à Louis Nicollin. « Loulou adorait ce genre de personnage, se souvient Nouzaret, bien installé sur les hauteurs de Collonges-au-Mont-d'Or, au nord de Lyon ; il aimait bien les personnalités, les gens connus dont on parlait ; il adorait aussi le foot pour la chance que ça lui offrait de côtoyer des gars comme Fleury. » Nicollin, Varlot, Pistilli, Dumas, Di Nallo, Nouzaret : la bande est au complet, et quatre d'entre eux travailleront plus tard pour celui qui s'avère déjà fort en gueule, amateur de femmes et de saillies verbales, mais ils ne le savent pas encore ; ils sont encore bien trop jeunes pour mesurer ce que « gratitude » veut déjà dire chez leur truculent copain.

De plus en plus assidu à l'OL, Louis allait voir ses joueurs s'entraîner sur les terrains stabilisés de Tola-Vologe tout contre Gerland. Non loin de là, le restaurant où déjeunaient les plus madrés des joueurs était tenu par Guy Argenson, dont le fils était inscrit dans la classe de Varlot. Mais la « cantine à Loulou », ce serait bien vite en plein centre-ville, derrière la gare de Perrache, *L'Ours Blanc*, passage obligé des jeunes stagiaires olympiens, dirigé de main de maîtresse par la célébrissime madame Toutain, au caractère finalement assez proche de celui de son visiteur, ce que corrobore Fleury Di Nallo retrouvé dans un bar-tabac de Saint-Priest : « C'était une femme extraordinaire qui nous aimait comme ses propres fils. Elle avait en elle cette profonde affection pour les joueurs qu'on sentait aussi chez Loulou. Après les matches, on y mangeait et on buvait un coup. À l'époque, Louis parlait déjà beaucoup ! C'est Nouzaret qui me l'avait présentée. » Une partie de la bande joue en tournoi de sixte. Elle s'est nommée « les Azzuri » et comprend Louis Nicollin dans les buts (comme au handball), Robert Nouzaret, Jimmy Pistilli, Pierre Martin, Pierre Tarare et Gilbert Varlot. Bien que formée de cadets et de juniors, elle s'illustre aussi dans des tournois de seniors.

Les années passent, elles sont belles comme à vingt ans, pleines de fêtes, de filles et de foot. Pour son dix-huitième anniversaire, Louis s'est vu offrir une Simca 1000 rouge, dont le chiffre d'immatriculation est 1943, année de sa naissance. À lui la liberté ! Et que l'un d'entre eux « pique » la fiancée de l'autre n'altérera pas la bonne humeur du groupe. Louis et son ami travaillent de plus en plus pour le compte du père, ravi, qui a envoyé néanmoins son fils faire un stage chez Berliet – les camions – pour qu'il connaisse toutes les facettes du métier. Tout ce que Louis en ramènera, c'est cette incroyable anecdote : « Un des mecs me dit : "Est-ce que tu veux des temps de repos sur une journée ? Si oui, amène trois paires de pompes." Je ne comprenais pas très bien mais c'est ce que j'ai fait. On est allés aux chiottes et il m'a montré les pieds d'un mec qui en dépassaient, à cause des portes des toilettes toujours très courtes. "Tu vois, qu'il m'a dit, il y a un responsable qui regarde si ses employés n'y passent pas trop de temps. Avec trois paires de pompes différentes, tu peux y aller trois fois sans te faire gauler !" » Chez Berliet, Louis en aura encore appris sur l'art et la manière de ne rien faire ! Mais chez les autres. Pas chez lui.

Cependant, avec Gilbert, ils bossent de plus en plus à mesure que les entreprises Nicollin gagnent des marchés : Limoges, Reims, Marseille, Poitiers, Royan. Le matin, ils tournent sur Saint-Fons ou Bron ; le midi, c'est le ramassage des déchets des Hospices civils de Lyon, sur les quais ; et l'après-midi, la tournée des usines de Saint-Fons. Des semaines de soixante heures. Le week-end, quand ils allaient taper dans le ballon, leurs sacs de sport étaient déjà prêts dans le camion, et la troisième mi-temps avait lieu au 47 de la rue Carnot à Saint-Fons, dont Louis occupait désormais tout le rez-de-chaussée, ses parents au premier étage. Même si c'était devenu sa garçonnière, ses relations avec eux s'étaient considérablement embellies à mesure que son père voyait en lui son successeur.

Avec Gilbert, il montera à Paris encourager l'OL, pour sa première finale de Coupe de France à Colombes le 12 mai 1963 face au Monaco de Michel Hidalgo, avec une banderole à la gloire de l'OL. Hélas, le match se soldera sur un 0-0 synonyme de match à rejouer, au Parc des Princes cette fois, deux semaines plus tard. Loulou refera le déplacement sans son acolyte puis s'en reviendra attendre les joueurs, battus 2-0 – sans Di Nallo – à la gare de Perrache. Il n'oubliera jamais les pleurs du défenseur central Thadée Polak. Ni les émotions, bonnes ou mauvaises, que peut générer la Coupe de France.

Après son régiment passé à Trêves, en Allemagne, au lendemain des accords d'Évian qui mettaient un terme à la guerre d'Algérie – seize mois à devenir sous-officier, maréchal des logis –, il est envoyé en mission « poubelles » à Poitiers. Il en profite pour faire régulièrement connaissance avec… la mer via l'île d'Oléron. Il s'y rend chaque week-end, y apprécie ses plages, son pineau des Charentes, ses huîtres et… une jeune femme avec qui il compte bien se marier, ne serait-ce que pour échapper définitivement au joug parental. Après tout, n'était-elle pas la première qui lui plaisait vraiment ? Les fiançailles ne tarderont pas ; elles auront lieu à Besançon ; la bague est là, Varlot également. C'est à cette époque que Marcel envisage de s'implanter à Montpellier où un vaste marché attend l'entreprise Nicollin. Nous sommes en 1967. Varlot qui y est parti en éclaireur se souvient parfaitement des paroles du père à son fils : « Ton avenir est ici, avec moi. Un jour, tu me succéderas ici. »

Pendant ce temps, tout est prêt pour la cérémonie de mariage. La robe de mariée, le déjeuner chez Bocuse à l'auberge de Collonge et ses deux cent cinquante couverts… Mais par un après-midi d'été 1967 à Montpellier, à la terrasse d'un café, Louis est venu s'adresser à son père :

« Papa, je voudrais te parler…

– Oui ?

– Je ne veux plus me marier.

– Très bien. »

Marcel avait tout de suite vu des avantages dans cette « désunion ». Son fils aurait les coudées franches pour faire croître et embellir l'entreprise Nicollin, à

Montpellier. Et la panique de Louis au moment crucial s'expliquait peut-être aussi, parmi d'autres arguments, par son désir de succéder à son père, sans entrave amoureuse. « Toutes mes anciennes copines me disaient : "Oh, non, Loulou, ne te marie pas !" J'ai cassé, à trois semaines du mariage. Courageux. À l'époque, ça ne se faisait pas trop et ça a fait un peu de bruit. » Du coup, Marcel s'arrangera pour remplacer au pied levé tous les convives de Bocuse, invitant à leur place tous les dirigeants des entreprises qui travaillaient pour la ville de Lyon ! Un inoubliable et incroyable tour de passe-passe. Adieu fiancée, adieu Besançon et vive Montpellier ! Cet avatar ne fera que renforcer l'amour filial de Louis pour son père. De l'eau avait passé sous les ponts, depuis les engueulades de son adolescence...

2

LA PAILLADE : FUSION ET DIFFUSION

À Montpellier, Louis découvre que « sa » grande ville méconnue au détriment de Nîmes, alors beaucoup plus attractive par son patrimoine romain et… son football, n'est qu'à dix kilomètres de la mer. Un très bon point. Son père demande à Varlot de lui trouver un logis, ce sera fait, près des Galeries Lafayette, place de l'Œuf, future place de la Comédie. C'est un grand appartement composé de trois studios dont deux sont occupés par des étudiantes. Nos duettistes font la java qui sied à leur âge, se couchent fort tard mais se lèvent aussi fort tôt tous les jours à 4 heures du matin ; ils ont à peine le temps de se changer, de s'habiller. Un jour, ils arriveront au travail avec trois quarts d'heure de retard mais, pas de bol, venu à l'improviste, Marcel leur tombera dessus pour leur passer une soufflante. Louis et Gilbert avaient en effet attendu la première édition du *Midi Libre* pour lire les comptes rendus de la difficile mais enthousiasmante qualification lyonnaise pour les quarts de finale de la C2 aux dépens de Tottenham. L'OL toujours dans les cœurs… Ça plut moins au paternel. Comme au bon vieux temps. C'est qu'ils ont tout de même déjà cent quarante employés à diriger sur Montpellier… Malgré cet emploi du temps tourmenté, Varlot fait la connaissance d'une des locataires, Françoise. Un soir, celle-ci avait invité une copine, histoire de faire le nombre, qui s'était désistée. Françoise était alors pionne dans un lycée professionnel de Montpellier ; son amie Colette y était maîtresse d'internat. Plutôt casanière, cette dernière préférait d'ordinaire rester à Marsillargues, avec ses copains. Mais cette fois-là, lorsque Françoise lui proposa de sortir avec eux, elle se dit : pourquoi pas ? Une fondue savoyarde rapprocha les convives, et Loulou sut la faire rire d'entrée – il est doué pour ça. Ils finirent la soirée avec un spectacle à Saint-Martin-de-Londres, au nord de Montpellier où un artiste chantait du Brassens que Colette adorait. Louis, moins. « J'estime que l'attirance réciproque de deux personnes ne s'explique pas, commente Colette aujourd'hui. Louis me faisait beaucoup rire et il n'était pas aussi lourd que ce que l'on a bien voulu dire. Il n'était pas du tout comme ça. On rigolait beaucoup et ceux qui amusent sont toujours attrayants. »

« Reggiani, il ne connaît que onze chansons ? »

La fondue bien digérée, sans faire choir les croûtons au fond de la marmite, les deux couples emménageront et vivront ensemble dans un grand appartement, sur le chemin qui les menait à l'entreprise Nicollin, ce qui était nettement plus pratique compte tenu des responsabilités professionnelles qui étaient les leurs. Si Loulou était un amuseur né, il avait une forme de véritable carence en goûts musicaux, n'écoutant pas grand-chose. Colette raconte cette histoire amusante qui date de cette époque de prime séduction : « La musique, ça n'était vraiment pas son truc. On l'avait traîné à un concert de Serge Reggiani qui débutait comme chanteur. Son gros succès, c'était “Les Loups” (qui, comme chacun sait, ne sont pas entrés dans Montpellier mais dans Paris). Ç'a été un tel succès qu'on l'a fait bisser. Il l'a donc rechantée et Louis s'est écrié : “Quoi ? il ne connaît que onze chansons ?” » Nul n'a le souvenir d'avoir jamais vu ou entendu un jour Louis parlant musique. Ce qui n'empêchera pas Colette Fernande Soulier, née à Marsillargues dont elle ne ratait aucun match de foot, de parents viticulteurs depuis des générations, d'épouser en juillet 1969 Louis Émile Nicollin à Saint-Fons deux ans plus tard. Inoubliable cérémonie religieuse qui s'acheva par une haie d'honneur des sauveteurs de la ville à la sortie de l'église, tous droits comme un *i*, une rame à la main ! Comme de juste, Bocuse fut mandaté pour nourrir tout ce joli monde, cette fois au Chalet du parc de la Tête-d'Or à Lyon.

Si Louis Nicollin avait rallié Montpellier deux ans auparavant à la demande de son père, c'est parce que l'entreprise familiale, sous l'appellation « Société poitevine de nettoiement » et forte de plusieurs succès antérieurs, avait remporté l'appel d'offres lancé par la mairie héraultaise, décrochant le contrat au nez et à la barbe de l'entreprise Charlet, aux commandes des ordures locales depuis un bail. Les conventions collectives vous imposent aujourd'hui dans un tel cas de récupérer le personnel du « perdant ». Ça n'était pas obligatoire à l'époque, mais pour les généreux Nicollin de père en fils, cela allait déjà de soi. Charlet avait une équipe corpo nommée « La Formation sportive de nettoiement » qui guerroyait en championnat de France avec, entre autres, l'équipe du *Midi Libre* : « Halles-Présence », redoutable formation vainqueure de la Coupe nationale en 1970 où jouait un certain Bernard Gasset. « La rencontre de mon père et de Louis Nicollin a eu lieu en 1970, témoigne le fils – unique – de Bernard, Jean-Louis, qui connaîtra toute l'aventure initiale de La Paillade jusqu'en 1985 et entraînait encore l'OM en 2024. Nicollin arrivait et avait créé une équipe dans son entreprise parce qu'il aimait le foot mais il n'avait que ses ouvriers. Quand ils ont joué l'un contre l'autre, ce fut tout de suite le coup de foudre. C'étaient les mêmes ! Avec dix ans d'écart. Même caractère, même envie, même passion. C'étaient des frères. Et Louis était mon oncle. Les fils Nicollin, Olivier, né en 1970 et Laurent en 1973, appelleront mon père "papy" et ma mère "mamie"... Et quand je me suis marié, Laurent était dans la robe de mariée de ma femme ! »

Le panorama footballistique montpelliérain était alors passablement délabré. Le SOM (Stade Olympique Montpelliérain) était moribond, et son successeur, le Montpellier Littoral SC, ne valut pas mieux, en DH.

De guerre lasse, le 1er juin 1974, le MLSC avait fusionné avec un club de quartier nettement plus populaire, juste promu en PH, La Paillade – ZUP de trente mille habitants qui a vu le jour au début des années soixante – mais ce « Montpellier Paillade SC » se traînait, dernier de son groupe qu'il était après les cinq premières journées de la saison 1974-1975.

Pendant ce temps, l'équipe corpo de Loulou et de Bernard Gasset, qui avait donc tout de suite vu en celui-ci l'homme qui pouvait redonner ses lettres de noblesse au football montpelliérain, était devenue petit à petit l'équipe à battre au sein des entreprises, finaliste 1974 de la Coupe nationale corpo, battue par Sommer Sedan. Alors, les planètes s'alignèrent. Il fallait une fusion pour absorber le plus doucement possible les 350 employés du MPSC au chômage forcé. Les progrès de la FS Nettoiement n'étaient pas passés inaperçus d'un journaliste (et footballeur de « Halles-Présence » du *Midi Libre*), Carlo Llorens, qui va prendre l'initiative d'une rencontre entre toutes les parties pour tendre vers une fusion complète avec l'équipe corpo. « Nous ne nous connaissions pas, commentera Nicollin. La discussion a duré une heure et demie ; elle a débouché sur un ménage à trois dont nous devenions évidemment, nous les derniers arrivants, l'élément moteur. »

À l'issue d'âpres négociations mais au cours desquelles Nicollin avait le beau rôle, celui du sauveur potentiel, le Montpellier La Paillade Sport Club Littoral (AOC) renaissait de ses cendres encore toutes fraîches, le 5 novembre 1974, avec Louis bombardé coprésident en compagnie de Roger Prouget, créateur du Montpellier Littoral SC devenu obsolète. Pour ce faire, il avait dû racheter pour 400 000 francs à Jean Thévenet, le président du MPSC, le club qui évoluait alors tout petitement, on l'a vu, en DH. Et installé Bernard Gasset au comité directeur. « Un enragé du football », témoigne Coco Terrasse qui joua avec lui au SOM en deuxième division puis à La Paillade balbutiante avant de devenir salarié et chauffeur de Loulou… « Il se serait fait couper une jambe pour aller voir un match n'importe où. »

« Bernard Gasset était le frère que Louis n'a pas eu »

Une nomination éminemment importante. C'est ce duo qui emmènera le club jusqu'au septième ciel même si Bernard décédera en cours de route, le 13 avril 2002. Reconnaissant, comme toujours, Louis donnera plus tard le nom de Bernard Gasset à son centre de formation. Et confiera à *So Foot* : « Gasset, c'était un artiste, un joueur de cartes. Il ne pensait qu'à ça. Quand je suis arrivé à Montpellier en 1968, il dirigeait l'équipe corpo qui s'appelait Présence. Putain ! il se baladait, il était bon footballeur. Un jour, il me dit : “Je vais abandonner cette équipe corpo pour entrer dans la tienne, et on sera champion de France.” Deux ans après, on l'était. Il avait le don de trouver des types. La première année n'a pas été facile. La deuxième, il m'a dit : “Allez, on va taper !” On est allés chercher Di Nallo, Calmettes... tout ça, c'est lui. J'étais la tête, lui, les pieds. Un type extraordinaire. »

Son fils Laurent, qui appelait donc Bernard « papy », dit aujourd'hui : « Pour moi, Bernard est le frère que Louis n'a pas eu. Une relation comme la leur, c'est très rare dans une vie. »

De toute façon, Nicollin ne se trompait jamais sur les qualités et les défauts de ceux qu'il croisait de près – « Il avait le nez, témoigne encore Coco Terrasse, il entrait dans une mairie et voyait tout de suite qui était l'enc... et qui était le bon » – et pouvait donc compter sur cet homme plus que franc, osant toujours lui dire ce qu'il pensait, même quand son boss n'était pas d'accord. Sincère au-delà de tout, pas courtisan pour deux sous, intelligent et redoutable dénicheur de talents façon Pierre Garonnaire à Saint-Étienne, Bernard Gasset avait donc vu en Loulou celui qui allait relancer le foot dans la ville. Une certitude corroborée par Loulou : « À ce moment-là, je m'étais plus ou moins installé à Versailles où l'on essayait de décrocher le marché de la collecte des ordures. Je n'étais pas à Montpellier tous les week-ends, je suivais de loin. Et puis Gasset m'a donc dit qu'il fallait tenter le coup, alors j'ai dit "banco", et toute l'équipe corpo est allée en DH. Le premier match, on n'avait pas reçu les licences, mais on a voulu jouer quand même : on en a pris six contre la réserve d'Avignon. Je me suis dit : "Put… c'est bien parti !" Et puis, après, on n'a plus perdu un match. »

Et le fait que Bernard trimbale une réputation de joueur de poker et de parieur nocturne invétéré qui faisait jaser les hautes sphères de la ville ne gênait pas son patron le moins du monde, bien au contraire, on s'en serait douté. On l'imagine volontiers s'écrier : « Je m'en bats les couilles ! » Oui, Louis appréciait au-delà de tout cet homme libre, aussi taiseux qu'indépendant, d'une absolue loyauté et qui jamais ne sera appointé au club ! Toujours il sera le conseiller bénévole et éclairé de Louis Nicollin, faisant valoir son redoutable nez dès qu'il s'agissait de recruter. D'ailleurs, c'est lui qui soufflera un peu plus tard à son « patron » l'idée qu'il lui faudrait un libéro genre le Nîmois Michel Mézy…

Et pendant que les épouses Nicollin et Gasset (Éliane, dite « Bubuce ») confectionnaient les sandwiches pour la petite cabane de supporters au coin de corner, Bernard organisait des lotos aux prix dérisoires. Jean-Louis Gasset évoque avec beaucoup d'émotion ces années de complicité qui ont permis aussi à son père de s'acheter une conduite : « Je suis d'accord avec ma mère quand elle dit que c'est grâce à la rencontre avec Louis Nicollin que mon père s'est calmé. Ç'a changé la vie de mes parents. Louis était fasciné par les gens qui faisaient des choses que lui ne savait pas faire. Alors mon père lui a appris à jouer à la belote, à la pétanque, au tennis... Et il progressait ! À la coinche, tous les deux, ils étaient bons ! Mon père lui avait donné toutes les combines. Ils se connaissaient par cœur ! Carreau, trèfle, capot. Aujourd'hui, ils seraient les champions du Kem's. Ils avaient une magnifique complicité. Louis en a profité. Il était visionnaire. Il sentait les hommes. Ils sont allés au Mexique tous les quatre en 1986, avec Colette et Bubuce. Ils allaient en cure à Brides-les-Bains. Ils mangeaient une endive, sortaient et allaient à la boulangerie se taper une fougasse et cinq croissants. Les femmes, elles, disaient que ça lavait le corps. Elles tenaient le coup mais eux, non... »

Confiant en son ami pour la vie, Loulou lui laissera le soin de représenter le club pour certains tirages au sort de la Coupe de France si chère à leur cœur. Et cet ami si rare, remis, en quelque sorte, dans le droit chemin, créera plus tard la Comédie de la Pétanque, événement international dont il deviendra président avant de créer la « Team Nicollin pétanque », championne de France en 1996. Et trois ans plus tard, le boulimique Bernard deviendra le manager du CS BM Boule lyonnaise dont l'équipe sera championne de France dès sa création. Une élégante façon de rendre hommage aux années aussi lyonnaises qu'inoubliables de son président préféré.

« Mes meilleurs souvenirs sont là »

On l'a vu, fort de la présence de son homme… fort, Louis Nicollin avait su imposer ses vues, et malgré ses initiales à rallonge (MPSCL), La Paillade était officiellement née ce jour-là, emménagcant au petit stade de la Mosson avec sa tribune de quatre cents places au (beau ?) milieu des HLM. Dès lors, plus rien ne serait jamais comme avant mais nul ne le savait encore. Une défaite, donc, cinq jours plus tard en Avignon (6-0 !), et le tandem Gasset-Nicollin se met en branle à toute vitesse. Le premier connaît la valeur des joueurs de la région, le second transfère en toute hâte les meilleurs éléments de son équipe corpo dans « sa » Paillade. « En corpo, on était le Milan AC, témoigne Jean-Louis Gasset. Pour la fusion, on était sept de l'équipe corpo qui prirent place dans l'équipe de DH. » Les résultats ne se font pas attendre, et l'équipe coachée par l'entraîneur-joueur André Cristol, assisté de Louis « Youye » Favre rescapé de la période Montpellier Littoral et André Dumont, passe de la dernière place à la huitième en fin de saison. Mais une recrue phare, déjà, éclaire le jeu des Pailladins : Mama Ouattara, milieu de terrain ivoirien, vice-champion de France en 1972 et demi-finaliste de la Coupe de France avec Nîmes qui n'en voulait plus. Comme d'habitude, Nicollin avait su d'emblée à qui il avait affaire et avait convaincu…

C'est le temps de la démerde, de la débrouille, ce sont des mois et des années héroïques au cours desquels Nicollin (et Bernard Gasset) sauront instaurer un climat familial, Loulou, toujours premier de cordée à montrer l'exemple avec son enthousiasme communicatif, sa faconde et son sens inné de la persuasion. Robert Nouzaret, que Nicollin retrouvera un an plus tard, explique : « Je pourrais presque dire que mes meilleurs souvenirs sont là. D'avoir participé à l'émergence d'un club qui, depuis, fonctionne toujours avec les valeurs alors prônées par Loulou. Ces valeurs, c'était l'entraide entre toutes les parties. Il avait installé un relationnel qui unissait tous ceux qui travaillaient au club : le staff, le bureau, les supporters, les bénévoles. On se rendait à quatre par voiture aux matches sans toujours savoir quand on rentrerait, on s'arrêtait pique-niquer sur les aires d'autoroute, on dressait de nos mains des buttes derrière chaque but pour que les supporters voient mieux le match ; nos femmes étaient à la buvette, lavaient nos maillots qu'on dessinait nous-mêmes. Louis voulait toujours le mieux pour son équipe. »

Que ce soit le futur des poubelles ou celui du ballon rond, tout se déroulait au jour le jour dans son bureau du mas de Portaly où son père avait installé sa société avec un grand garage attenant pour y garer les camions, le long de l'autoroute A9. Les succès ne se feront d'ailleurs pas attendre, qu'il s'agisse des poubelles ou du football. Dans les deux cas, le débutant saura y faire. C'est ainsi qu'en 1974 Loulou avait remporté le jackpot : le ramassage des ordures de Versailles, première délocalisation historique du groupe Nicollin. Il avait tout de suite compris l'impérieuse nécessité de « s'ouvrir » le marché plutôt que de rester « cloîtré » dans les villes alentour, les Palavas-les-Flots, Lattes ou Juvignac – qu'entre autres il avait su très vite conquérir. Versailles, à deux pas de Paris et ses presque cent mille habitants, c'était autre chose ! Et la concurrence y était féroce.

La veille de présenter son projet à la mairie de la ville du Roi-Soleil, Louis avait potassé toute la nuit sa présentation avec Colette. Le lendemain, à l'issue de son « oral », le premier édile, André Mignot, demande à son candidat : « Puis-je avoir le téléphone de votre père ? » Paniqué, Louis est certain de se faire doublement rabrouer. Mais devant lui, le maire décroche le combiné et dit à Marcel : « Votre fils est exceptionnel, sa présentation m'a bluffé, vous avez le marché ! » Facile d'imaginer comment les ailes ont dû pousser dans le dos du génial débutant, qui par la même occasion subjuguait son paternel... Colette et lui resteront à Versailles après avoir décroché le marché pour bien mettre les choses en place. « On avait repris la Sofranet, raconte Mme Nicollin. La collecte se faisait alors dans des sacs plastiques qu'il fallait distribuer en faisant du porte-à-porte, en demandant aux familles combien de gens habitaient leur logement... J'avais un petit bureau avenue de Paris où les gens pouvaient venir compléter leurs dossiers. On logeait dans un petit deux-étoiles. On est restés six mois à Versailles. »

Et tout comme le groupe lancé sur de bons rails, La Paillade saura bien vite se faire une place aux premiers rayons de soleil des médias à l'occasion de la Coupe de France, en cette même saison 1974-1975, éliminant des clubs de D3 aux cinquième et sixième tours (Alès, Aix), un club de D2 au septième (Avignon) avant de céder en trente-deuxièmes de finale après un match d'appui face à Martigues. Comme le soulignera à l'époque le fameux journaliste de *L'Équipe* Victor Sinet : « On avait retrouvé quelques vieilles connaissances comme Terrasse, Andreo, Ouattara, Delmas, qui ont tous tenté leur chance dans des clubs pros du secteur, qu'il s'agisse de Nîmes, de Sète ou de Béziers. » Et de conclure, visionnaire : « La belle aventure montpelliéraine est donc terminée mais ces garçons qui commencent à peine à se connaître – l'équipe a été formée il y a quelques mois seulement – feront sûrement reparler d'eux tant en division d'honneur que dans les saisons à venir. » Contaminé par La Paillade, ce cher et regretté « Totor »…

Et la saison à venir sera marquée par une arrivée absolument déterminante. Celle de Fleury Di Nallo. Un archétype du fonctionnement de Loulou. Il l'a adulé, minot, du temps de l'OL, on le sait, et ne l'a jamais oublié. Et son amour dévorant le rend attachant, et mieux que ça : crédible. « La fleur » se souvient comme si c'était hier des retrouvailles ô combien « nicolliniennes » : « Je jouais au Red Star et on joue la descente, le jour de mon anniversaire, le 20 avril contre... l'OL ! On mène 1-0, je marque, mais on perd 2-1. J'avais encore deux ans de contrat mais j'en avais marre des déplacements. Robert Nouzaret (pas encore entraîneur de La Paillade) m'appelle et me dit : "Loulou veut te voir avec Bernard Gasset." Ils sont passés chez moi et m'ont convaincu malgré la cour que me faisaient d'autres clubs et malgré la division d'honneur... Il m'a certifié que j'aurais la même paie et m'a fait signer en cours de route, entre Lyon et Montpellier, à Montélimar, sur un parking, sur le capot de sa voiture. Tu sais comment il est : Loulou arrive toujours à convaincre ! Quand je pense qu'il était plus jeune que moi ! » Aujourd'hui, chez Di Nallo, un poster de Louis Nicollin égaie l'entrée...

Et Louis de convaincre en même temps d'autres joueurs de renom dont une flopée de Nîmois : Calmettes, Augé, Betton, Landi, Dell'Oste, Troisi, un Argentin ex-OM... Avec ces recrues grand format, Montpellier-La Paillade (l'appellation « Littoral » a été abandonnée) brille en Coupe de France, ne se faisant sortir qu'en seizièmes de finale par Dunkerque, club de D2, et surtout, surtout, finit première de son groupe de DH Sud-Est. Mais pour monter en Division 3, terminer premier de sa poule ne suffisait pas. Il fallait ensuite disputer un barrage aller-retour en terrain neutre contre le vainqueur de l'autre groupe DH du Sud-Est, Hyères. Souvenir estampillé « Loulou » : « En face, il y a Nestor Combin [ancien attaquant de l'OL, international que Louis récupérera plus tard un temps dans l'organigramme Nicollin]. La veille du match retour, on a essayé de l'acheter, mais à Nestor, le président de Hyères donnait "beaucoup des sous dans la cassette", comme il disait. »

À Toulon, La Paillade perdra 2-1 mais au retour à Lunel, Serge Delmas, futur cadre important du club, qualifiera son club à la dernière seconde dans l'hystérie que l'on devine. Lunel, même dans le Gard, n'est guère éloigné de Montpellier. Quatre mille spectateurs auront vécu cette montée vers l'embryon de la gloire en ce 6 juin 1976.

Longtemps, La Paillade n'aimera rien tant que les matches couperets, comme si ces duels « à la vie, à la mort » collaient parfaitement aux vertus du club. Parfois, durant ces rencontres si stressantes, Loulou s'en va prier à l'église, préférant ne pas voir et revenir plus tard. Mais s'il n'aime pas le court terme de ces affolantes minutes, le long terme lui sied à ravir. Oui, Loulou voit bien de loin. À l'issue de cette montée, il déclare : « Notre objectif, c'est qu'existe à nouveau un grand club à Montpellier. Dans la logique des choses, maintenant que nous sommes en D3, il nous faut viser la montée en Division 2. On va s'y atteler mais si on n'y arrive pas, ça ne sera pas non plus une catastrophe. Le plus important, c'est de mettre en place une politique de jeunes. C'est ça qui compte. On va s'y mettre à fond pour l'avenir du club. » L'avenir lui donnera raison mais pas tout de suite.

C'est dans ce cadre ambitieux qu'une autre arrivée s'avérera déterminante quelques mois plus tard, celle de Robert Nouzaret comme entraîneur qui lui avait présenté Fleury, on le sait, du temps de ses études à Lyon. C'est, comme Di Nallo, lui qui nous raconte : « À l'époque, on n'avait pas d'agent et, en partance de Bordeaux, j'avais envoyé cinq ou six courriers à des clubs, dont Montpellier Littoral, qui m'a embauché. Je m'étais déjà beaucoup occupé du temps de Lyon des équipes corpo, de tout ce qui entourait une équipe, un peu comme un manager général. Je dirigeais un entraînement et j'entends derrière moi : "Oh ! Nounou !" Un seul être au monde m'appelait comme ça : Loulou. Je lui ai demandé s'il était en vacances ; il m'a répondu qu'il était dans les poubelles. On est allés déjeuner chez lui ; il m'a parlé de sa Paillade, je lui ai répondu que dans un premier temps, je pouvais lui donner un coup de main. » Le coup de main deviendra très vite un job à plein temps. « Il avait confiance en moi et j'aurais fait n'importe quoi pour l'aider. » Ça se vérifiera plus tard ! Mais décidément, « Nounou », c'était encore un peu de son enfance lyonnaise dans une vie d'adulte montpelliérain qui allait s'emballer en 1977.

Une fois de plus, en effet, la Coupe va passer par là. Comme d'habitude, les Pailladins se sont offert le scalp de pensionnaires de D2, sachant que l'épreuve se déroulait à l'époque selon des poules géographiques. La bande à Nounou avait donc éliminé Cavaillon (DH) puis surtout Sète et Béziers. Et voilà que le tirage au sort lui propose l'OM en trente-deuxièmes de finale ! L'OM entraîné par José Arribas, ancien et illustrissime sorcier du grand FC Nantes, et guidé par les Bereta, Bracci, Emon, Zvunka, Jean Fernandez et autre Zlataric. L'OM vainqueur de la Coupe la saison précédente ! Face à cette invincible armada, beaucoup de mecs qui bossent et triment la semaine en dehors des entraînements et que les médias découvrent en grand. Ainsi Doual, Valadier et Jean-Louis Gasset travaillent-ils tous pour l'entreprise Nicollin. Le stade de la Mosson, malgré ses moyennes de spectateurs en hausse permanente, s'avère bien sûr beaucoup trop petit et vétuste pour accueillir ce formidable rendez-vous. C'est donc à Alès, au stade de la Prairie, que Montpellier alignera devant onze mille spectateurs son équipe de VBN – « Vieux Briscards Nîmois », les Landi, Augé et Betton, tous plus que trentenaires – sans compter d'autres seniors millésimés comme Fleury Di Nallo ou Coco Terrasse.

Cette rencontre est fondatrice à plus d'un titre. Au bord du terrain, un grand dadais de onze ans n'en perd pas une miette. Laurent Blanc raconte : « J'étais venu avec mon père. Le stade était plein alors on est rentrés par un coin de porte, et je me suis retrouvé près de la pelouse. J'y ai vu pour la première fois Monsieur Nicollin. Il était intenable. Intenable ! Même si le plus important, c'était le match, tu ne pouvais pas passer à côté. J'ai pensé : comme ce monsieur est agité ! J'ai tout de suite remarqué son physique et son attitude, sans savoir bien sûr ce qui se passerait ensuite. »

Par ailleurs, cette rencontre permet à la France du ballon rond de découvrir cette familiale Paillade mue par des ressorts ancestraux de camaraderie, de rigolade, d'entraide et de pugnacité. Façon Astérix le Gaulois mais côté Méditerranée et non côte d'Armor. *L'Équipe* avait titré ce jour-là : « Attention au faux pas », instruite des exploits passés du petit club et de la compétitivité de ses joueurs, fussent-ils passés de mode. Les Pailladins avaient été remontés par deux hommes. Par Bernard Gasset, d'une part, tombé en arrêt à la lecture dans la presse d'une phrase de José Arribas, « ce sera l'occasion de travailler notre secteur offensif », transformée en machine à transcender les joueurs, « ils veulent nous mettre une tannée ! », et par leur emblématique capitaine Fleury Di Nallo qui raconte : « J'ai dit à toute l'équipe : “Les gars, j'ai gagné trois fois la Coupe avec l'OL mais l'année d'après, je me suis fait éliminer au premier tour [par Reims, 2-1].” Je me souviens leur avoir fait rentrer ça dans la tête. »

Alors, ce qui devait arriver arriva en ce 19 février 1977, et Montpellier l'emporta 2-1, les deux buts de ses minots Doual et Valadier validant du même coup les envies de leur président de lancer de plus en plus de jeunes. « Il ne s'agit pas de monter un asile de vieillards », disait-il à ses détracteurs circonspects. Via Antenne 2 et Thierry Roland, Loulou deviendra illico le président « je n'en peux plus ». Grâce à la télévision, les gens découvriront le truculent Louis Nicollin, si attachant, si vrai. On en apprendra par ailleurs sur certaines de ses bidonnantes facettes. Il avouera après coup s'être « enfermé dans le vestiaire tellement [il] avai[t] peur » : « J'ai su qu'on avait marqué en écoutant le stade. C'était beau ! » De son côté, « Nounou » révélera que Nicollin lui avait fait prendre des cours de sophrologie que l'entraîneur avait tenté d'appliquer ensuite auprès de ses joueurs : « Face aux vieux briscards, je regrette de ne pas les avoir filmées ! » rigolera-t-il.

La Paillade commence donc à être connue et crainte. À Victor Sinet, Nouzaret résumait parfaitement l'idéologie Nicollin : « Il ne faut pas s'y tromper. Si La Paillade fait un peu figure aujourd'hui d'asile de vieillards, c'est pour mieux préparer l'avenir. Louis et Bernard ont d'abord voulu frapper un grand coup en engageant quelques vedettes. C'était la meilleure façon d'attirer l'attention dans une ville de deux cents mille habitants où le foot était en sommeil depuis la mort du SOM. À présent, d'autres structures sont en place, le wagon est sur les rails, et au fil des saisons, l'opération rajeunissement des cadres va aller en s'amplifiant. » Cependant, l'adversaire se dépouille pour lui faire mordre la poussière. D'où son classement moyen en cette première saison de D3.

3

LA MORT DU PÈRE, LE MAIRE AMI

Sur place, c'est vrai, il faut reconnaître qu'on avait alors plus parlé Coupe de France qu'élections municipales, qui avaient lieu en mars. Marcel Nicollin, fort de sa réussite personnelle et de celle de son fils, s'était enfin, à 65 ans, présenté dans sa bonne ville de Saint-Fons, sa campagne étant parrainée par le maire de Lyon, Louis Pradel. Il ne pouvait pas perdre. Question entregent et soutien, personne ne lui arrivait à la cheville. Hélas, le 2 mars, après un dîner en compagnie de son épouse et d'un collaborateur, le paternel sera terrassé par un œdème pulmonaire juste après s'être couché. Louis est catastrophé, effondré, comme on peut l'être dans de pareilles circonstances. Mais il garde et gardera toute sa vie ses plus intimes sentiments pour lui, affichant, dans ce genre de circonstances, une pudeur qu'on ne lui soupçonnait pas. Comme si les mots, cette fois, ne servaient à rien. Les obsèques auront lieu à Saint-Fons. Le voilà désormais seul à la direction de l'entreprise familiale. À 34 ans, il est encore jeune, mais sa peau est déjà bien tannée. Son père avait fait en sorte, et le fils tenait pour siens ses préceptes : « Le vrai, ce n'est ni ce que l'on dit, ni ce que l'on croit, c'est ce que l'on démontre. Toute ma vie repose sur cette formule. Je la dois à mon père. Il a forgé ma personnalité. C'était un homme de caractère et un chef d'entreprise. À 14 ans, il m'a fait comprendre très vite que l'esprit de famille et le travail étaient la base de tout. » C'est sans son père mais dans sa pleine fidélité que Louis Nicollin taillera sa route, n'oubliant jamais ses poubelles passées, bien au contraire, les mettant toujours en avant : « Croyez-moi, confiait-il à Max Urbini, autre ténor de la presse écrite devenu un ami de la famille, vider les poubelles devant ses petits copains, ça vous marque pour le restant de votre vie et ça évite une fois pour toutes de vous prendre au sérieux. Ça permet de sentir la réalité sous tous ses aspects et de connaître aussi le monde des immigrés. Aujourd'hui, c'est moi qui les fais vider, les poubelles. Mais s'il fallait tout recommencer de zéro et retourner dans la rue, je n'hésiterais pas une seconde. Quand on veut bosser, on bosse, partout, et du haut en bas de l'échelle. Simple question de mentalité. » Louis craignait beaucoup son père. Son départ inopiné fut peut-être aussi une libération.

« Frêche m'a fait lire des livres »

Autant dire toutefois que contre le rival nîmois (D1) en seizièmes de finale de Coupe quelques jours plus tard, le cœur de Louis n'y était pas. Pourtant, la municipalité avait fait ce qu'il fallait entre les deux tours de Coupe, La Paillade tenant à jouer à domicile, comme le permettait le règlement. L'équipe du maire François Delmas – qui avait longtemps refusé de soutenir le club, mais élections obligent... – avait érigé une butte en terre derrière l'un des buts, bien aidée par des bénévoles qui installèrent des traverses de chemin de fer en guise de gradins, et plusieurs praticables en face, faisant allègrement grimper la jauge du stade de quatre mille à quinze mille spectateurs. Nîmes l'emportera 3-0 puis 3-2 au retour au stade Jean-Bouin.

L'année 1977 sera également marquée par un autre événement qui va compter dans la vie de Loulou, celle de son entreprise et de « la fille qu'il n'a pas eue », sa Paillade. L'élection de Georges Frêche le 25 mars à la mairie de Montpellier, à la place de l'UDF François Delmas faisait basculer la grande ville à gauche, ce qui ne collait pas a priori avec la sensibilité d'un homme qui s'était fait à la force du poignet. Les deux hommes se reniflèrent d'abord de loin, laissant leurs adjoints traiter leurs affaires courantes avant qu'une première rencontre ne leur fasse découvrir mutuellement des tas de points communs : un caractère bien trempé, des décibels dans la voix, un doux penchant pour la rigolade et une inextinguible rage de vaincre. Il y avait de la droite dans la gauche de Georges, de la gauche dans la droite de Louis, et du coup, bien des motifs de bonne entente. Frêche vit immédiatement tout ce que le football pouvait amener en notoriété pour une ville qu'il allait dépoussiérer et faire avancer comme nul ne l'avait fait avant lui. Appréciant tous deux les dérapages incontrôlés, Nicollin sera le Frêche du football, et Frêche, le Nicollin de la politique.

Lorsqu'ils firent connaissance, l'entreprise Nicollin avait encore cinq ans de mandat devant elle. Le maire s'engagea immédiatement dans la modernisation de la collecte des ordures. C'était gagné pour que naisse une confiance réciproque qui dès lors jamais ne se tarira malgré d'inévitables accrocs. Bien plus tard, Loulou avouera : « Il m'a beaucoup appris. Moi qui étais un peu branleur à l'école, il a su parfaire mon éducation sur pas mal de choses. Il m'a fait lire des livres. Georges Frêche était un gars extraordinaire. » De son côté, le maire disait de Louis : « C'est mon meilleur ami, un ami absolu et ça, je ne le dis pas souvent. » Comme avec Gasset et tant d'autres, Nicollin avait tout de suite perçu ce qu'il y avait de bon dans son interlocuteur de choc, même s'ils se vouvoieront *ad vitam aeternam* malgré leur commune paillardise. C'est sous l'égide du « Grand », comme Louis aimait l'appeler, que La Paillade obtiendra un an plus tard le statut professionnel en montant en Division 2, fort des 450 000 francs de subvention municipale pour le devenir. « Et pour devenir pro, rappellera Nicollin, la municipalité précédente nous avait promis de se porter caution, mais le maire avait finalement refusé. Georges Frêche, lui, a accepté. C'est à ce moment-là qu'on a relancé le foot à Montpellier. »

En effet et comme par un clin d'œil eucharistique – le genre de coïncidence qui ne déplaisait pas à un Loulou parfois mystique –, c'est le jour de l'Ascension, le 4 mai 1978, qu'à la faveur d'une défaite de Grenoble, La Paillade ne pourra plus être rejointe à la deuxième place (derrière l'équipe réserve de l'OGC Nice, qui de fait, ne pouvait pas monter), devant l'équipe B de

Nîmes. Il n'avait fallu que quatre années pour que le duo Gasset-Nicollin fasse monter La Paillade de DH à la D2, ce qui validait tout ce qui avait été entrepris, y compris les clés laissées à Nouzaret, grand architecte en chef de la montée du Montpellier Paillade Sport Club. Une saison achevée pied au plancher malgré la douloureuse séparation de Loulou d'avec son idole d'enfance Fleury Di Nallo, atteint par la limite d'âge, mais qui, en l'observant de plus près – la saison, pas « la fleur » ! – donne d'autres indicateurs très intéressants. Son équipe réserve monte en DH ; ses cadets terminent deuxièmes ; la jeunesse a du bon et enthousiasme le président qui va faire venir un sacré cadre pour remplacer Di Nallo : la terreur messine, l'attaquant argentin Hugo Curioni !

En attendant, la fête arrosant la montée sera belle à la Mosson, lors de la dernière journée, contre la réserve de Nîmes. Tout le monde est là, à commencer par Georges Frêche. Champagne, et vive la Division 2 groupe A !

Tout près, la capitale gardoise ne se doutait pas qu'elle allait être bouffée progressivement par la renommée grandissante de son encombrante voisine. Confite dans ses ruines romaines autant que dans son passé footballistique, elle allait laisser Frêche et

Nicollin faire de Montpellier la grande et attractive planète du Languedoc, éclipsant sa rivale qui jouait alors encore en Division 1. Loulou avait entamé son « œuvre de destruction » en faisant venir des joueurs nîmois à La Paillade et il n'allait pas en rester là.

« Comment résister à Louis ? »

La venue d'Hugo Curioni, attaquant international argentin qui avait fait les beaux jours de Nantes puis de Metz, pour remplacer Di Nallo à la pointe de l'attaque avait amené Nouzaret à avoir cette éclairante réflexion : « Je propose des noms. Mais par pudeur financière, je n'aurais jamais osé avancer celui de Curioni. Le président est capable de tout sur un coup de tête ! » C'est que ledit président a les dents longues, mais malgré son appétit pour les vedettes, il garde néanmoins, semble-t-il, tout son sens des réalités, ce qui prévaut également dans son entreprise. S'il vise désormais la montée en D1, ça reste à moyen terme : « Nous ne sommes pas forcément pressés. Cette saison, nous entendons surtout nous roder. Notre ambition consiste plutôt à terminer dans le groupe de tête que d'obtenir la montée immédiate car nous ne sommes pas encore prêts pour l'étage supérieur. »

Si son goût pour les grands joueurs ne se dément pas, il a une façon bien à lui de les convaincre de venir. Plus tard, l'ex-buteur de Boca Juniors racontera au journaliste Nicolas Deltort, dans *Actufoot34* : « Pour moi, Louis Nicollin est la meilleure personne que j'ai connue en France. Un homme de parole. Un jour, il m'a appelé pour me dire : "Je veux que tu viennes à Montpellier." Je lui ai répondu non, et basta ! Le problème n'était pas l'argent. J'ai alors parlé avec le président de Nantes qui m'a dit que Nicollin était quelqu'un d'important et que cela serait bien que je lui réponde. On a donc parlé ensemble dans un hôtel de Paris, et vingt minutes ont suffi pour se mettre d'accord. La façon d'être de Nicollin, si humble pour un homme qui devait déjà avoir une fortune monstrueuse, m'a convaincu. Il m'a invité une semaine à Montpellier pour que je visite la ville, que je voie comment étaient les gens, et il m'a demandé de ne pas rire quand je verrais le stade ! »

Curioni découvre alors avec ravissement pourquoi ce club n'est « pas encore prêt pour l'étage supérieur ». Son administration est toujours conduite par les quelques bénévoles présents au début de l'aventure

Paillade que leur patron traite comme ses propres enfants ; le stade aussi a le charme obsolète des vieilleries, avec sa tribune en bois et sa ferveur populaire. Il perçoit aussi « l'union sacrée de ce club qui était une grande famille. On voyageait cinq ou six cents kilomètres en voiture pour aller jouer des matches. Un dirigeant au volant et trois joueurs sur la banquette arrière. C'était comme retrouver la vie footballistique du monde amateur, mais dans le monde professionnel ». Son président avait vite senti que le foot pouvait aussi lui permettre de conquérir des marchés. Aussi n'était-il pas rare qu'en semaine Louis ait conclu un match amical au grand dam de son entraîneur. « Pour gagner des marchés, on avait fait par exemple un match à Royan contre les pêcheurs alors qu'on jouait le samedi suivant, se souvient Jean-Louis Gasset. Nouzaret n'avait pas son mot à dire. Pas de négociation possible ! On faisait les signatures, les photos et hop, on rentrait. On a parfois joué contre des types qui n'avaient pas de chaussures de foot mais des baskets. On gagnait 23-0 et on passait la soirée avec eux… »

Pour monter un jour en D1, l'alliage de feu Nicollin-Gasset a fait aussi cette année-là venir entre autres les défenseurs Furlan et Hopquin et le milieu de terrain

Bernard Ducuing. Ça ne sera pas pour cette fois-ci mais comme d'habitude, c'est la Coupe de France qui braquera tous ses médiatiques projecteurs. Comme si seule cette épreuve pouvait faire ressortir de façon éclatante tout ce qu'incarnait le club d'amateurisme, de bonne volonté et de grinta. Ce bras d'honneur aux clubs plus huppés, la paillarde Paillade allait le trimbaler cette fois sous le nez de deux clubs de D1. Sous celui de... Nîmes pour commencer. En trente-deuxièmes de finale, le match joué à Alès sous une pluie battante finit par être interrompu par l'arbitre, M. Vautrot, avant la prolongation, la pelouse du stade de la Prairie, qui porte bien son nom, étant devenue injouable. Entre-temps, les esprits des uns et des autres s'étaient par contre méchamment échauffés. Un futur grand entraîneur montpellierain alors joueur du Nîmes Olympique, un certain René Girard, s'était d'ailleurs fait expulser, non sans avoir montré ses fesses au tout-venant et agressé au passage Jean-Louis Gasset. Sans rancune...

Mais une fois la rencontre interrompue, le capitaine emblématique des crocodiles nîmois, Michel Mézy, s'est retrouvé dans les vestiaires avec celui de Montpellier, Mama Ouattara, Michel Vautrot, l'arbitre, et Louis Nicollin. Mézy raconte : « On est réduits à dix.

Girard est expulsé. Je dis à Vautrot : “Il faut arrêter le match.” Mama Ouattara, capitaine de Montpellier, dit le contraire : on continue. Et j'entends une voix derrière qui dit : “M. Mézy a raison.” Je me retourne : Nicollin. En plus, c'est vrai que c'était injouable. Je ne le connaissais pas. J'étais juste venu voir jouer La Paillade une fois quand il y avait Landi, Augé, Betton, qui étaient mes amis. Et là, après le match, à la réception de la mairie d'Alès, je suis avec mon épouse, et le seul type de Montpellier présent à la réception, c'est Louis Nicollin. Et sa femme, Colette. Je ne sais pas encore pourquoi mais on s'est dit qu'on n'allait pas laisser ces gens seuls. Donc on est allés leur parler… »

Louis a-t-il eu dès lors une idée fumante dans la tête ? Toujours est-il que leur amitié est née quand une pluie diluvienne balayait les Cévennes tout en repoussant un match de trente-deuxièmes de Coupe. Elle aura des suites, très rapidement, et perdurera, avec des hauts et des bas, comme le ciel ce soir-là.

Au retour, à Sète, le 21 février 1979, Montpellier l'emportera au bout d'une suffocante séance de tirs au but, qui sonnera en quelque sorte l'inversion des pôles : Montpellier éclipsait Nîmes, alors en D1. Mais à peine débarrassé, pour l'heure, de ce rival honni que Loulou allait subir les affres du souvenir avec des seizièmes de finale contre l'OL, le club qui lui avait fait aimer le foot du temps de Saint-Fons. « Si on m'avait dit qu'un jour je viendrais à Gerland avec mon équipe de La Paillade ! » se pinçait-il après le tirage au sort. Ce Lyon-ci, c'était une grosse cylindrée dont les pistons s'appelaient Chauveau, Jodar, Chiesa, Tigana, Valadier – passé à l'ennemi sans que son ex-président ne puisse s'opposer à ce départ – et la courroie Aimé Jacquet. Enthousiasmés par la qualification contre Nîmes, cinq mille supporters pailladins feront le déplacement pour assister à un très prometteur match aller 1-1, ce qui fera dire à leur président : « Le public commence à bouger ; son comportement à Lyon m'a comblé de joie. Pas de grande équipe sans grand public, c'est une évidence. Grâce à ce public, mon rêve qui paraissait insensé de donner de nouveau une grande équipe à Montpellier est peut-être en train de se réaliser ? » Grande, La Paillade le sera au retour disputé à guichets fermés à la Mosson devant 16 133 spectateurs – le surnom du petit stade « la marmite du diable » viendrait de cette rencontre –, sans compter tous ceux, nombreux, qui regarderont la victoire 3-0 du haut d'un micocoulier ou d'un pin parasol. Nouzaret, et son 4-4-2 nanti de deux joueurs qui évoluaient à l'OL la saison précédente, Mayot et Baldassara, va surclasser son prestigieux et émouvant adversaire. « Pour moi qui suis lyonnais, c'est formidable. J'aurais payé pour voir ça ! » s'exclamera Loulou qui, en cette fin de saison 1978-1979, se prend des kilos superflus à mesure que la saison lui fait miroiter des lendemains qui chantent. Et d'expliquer, triomphant, à la presse nationale qui n'en peut plus de découvrir ce club faisant parler de lui chaque saison en Coupe de France : « On a travaillé durement, toujours avec une équipe de copains car en sport, l'amitié compte souvent davantage que la technique ou l'argent. Que n'a-t-on pas dit à ce propos sur les fortunes que j'aurais englouties pour faire une bonne équipe à La Paillade ! Or, je ne paye pas plus que certains mais il faut croire qu'il doit y avoir quelque chose d'autre à La Paillade et c'est ce qui fait ma joie ! » Sûr que le miracle pailladin tient ses origines dans la façon d'être de Loulou, confiant dans une nature humaine qu'il semble détecter dès le contact de deux mains qui se serrent.

Malheureusement, cette douce euphorie va être douchée par deux événements. La Paillade court deux lièvres à la fois : Coupe et championnat, et malgré sa sagesse initiale, le président n'aurait pourtant pas craché sur une montée directe en D1 qui, après une belle saison, Curioni, Ducuing et consorts obligent, lui tendait déjà les bras à quatre journées de la fin. Le parcours en Coupe va s'achever, lui, contre un autre pensionnaire de la D2, l'AJA, entraînée par un Guy Roux qui sait y faire, lui aussi, dans la construction d'un club parti de pas grand-chose. Avec d'autres arguments. Après un bon nul là-bas porteur d'espérance qui une fois de plus fera remplir à ras bords la Mosson au retour, La Paillade va s'incliner 2-0 après le penalty de l'égalisation loupé par Curioni. Un peu plus de deux semaines plus tard, Montpellier, barragiste candidat à la montée, reçoit un rival dans la même enviable situation que lui, Avignon, le 5 mai, à quatre journées de la fin. Tout va alors dégénérer en grand. « Avi-gnons » devrait-on écrire… Un penalty sifflé pour les visiteurs alors que les Pailladins surdominent leur adversaire (et manquent un penalty) allume un brasier : bagarre générale entre les joueurs, les dirigeants et les spectateurs – des journalistes furent même molestés ! – et il fallut un car de flics pour libérer les Avignonnais, cloîtrés dans leur vestiaire, et évacuer le plus discrètement possible l'arbitre M. Espugne-Darses en ce 7 mai 1979. « L'aller s'était mal passé, se souvient Gasset, et il y avait un contentieux. À l'échauffement, on nous avait envoyés dans le noir, menacés ; on s'était dit que le retour serait très chaud, il fut brûlant. »

La double cata. Pour le nombre de points, déjà. Montpellier ne s'en remettra pas et finira sixième. Un bon classement, pourtant, pour une première saison en D2, mais quand on voit le soleil d'un peu trop près, on peut se brûler. Et un sale coup, surtout, pour la réputation du club et de son président qui sera en première instance interdit de banc de touche et de vestiaire pour six mois, plus une suspension de terrain de trois matches et 5 000 francs d'amende. Loulou concédera : « J'ai fait une faute, je dois payer. Ça va me mettre du plomb dans la cervelle. » Il s'agissait là du premier grand écart connu, officiellement, du président montpelliérain. Pas sûr que la quantité de plomb ait suffi…

Puisque la montée un moment envisagée n'a pu aboutir, comment faire pour forcer le cours des choses la saison d'après ? Deux réflexions agitent le président. L'une à court terme, l'autre à long. Le centre de formation, la jeunesse triomphante qui fait perdurer un club, c'est pour bientôt. De toute façon, une montée, encore hypothétique en Division 1, réclame, de facto, un centre de formation. Une structure administrative et financière, aussi. Et Louis a le chic pour aller pêcher-piquer chez l'adversaire ce qui lui manque. Le responsable de la formation montpelliéraine qui a tout à structurer sera Jacques Bonnet, l'entraîneur d'Avignon lors des fameuses et récentes échauffourées ! À croire qu'ils avaient trouvé le temps de se parler entre marrons et châtaignes ! Bonnet, qui avait installé le premier centre de formation à l'OM, se souvient : « Il avait appelé ma mère à Castries qui m'a donné son numéro et on s'est rencontrés à Montpellier. Il voulait, m'a-t-il dit, dépasser le Nîmes Olympique qui représentait quelque chose en crédibilité auprès des jeunes. J'ai dit banco et j'ai retrouvé Michel Mézy, avec qui j'avais joué à Nîmes au début des années soixante-dix. Kader Firoud était là aussi. J'ai tout de suite vu en Louis la passion du foot mais aussi l'ambition ! Il voulait aller le plus loin possible. J'ai dit OK tout de suite et j'y suis resté… vingt-deux ans ! » Si Bonnet sera, dans un premier temps, le grand architecte de ce virage « jeunes », c'est cependant Serge Delmas, ancien joueur de La Paillade, qui s'occupera de près des joueurs, et notamment d'une fabuleuse génération spontanée, celle des Blanc, Gérald et Franck Passi, Huc, Guédé, Ferhaoui. Delmas s'occupait déjà de l'équipe 3 de La Paillade quand Bonnet fut appelé par Loulou pour succéder à Firoud, ce qui explique ce « glissement » de compétences.

Du côté de l'administratif aussi, Louis s'est armé, à sa façon, c'est-à-dire celle qui repose sur l'amitié. L'arrivée au club de Francis Andreu le 2 mai 1979 mérite qu'on s'y arrête ; tout Loulou est là-dedans. « On s'est connus vers 1969, raconte celui qui deviendra plus tard le directeur général du Téfécé. À l'époque, il faisait la collecte à Lattes où je vivais et jouais au foot comme gardien de but. Chaque matin, sur les coups de 8 heures il faisait une halte au bar de la gare. Il s'est pris d'amitié avec les gens et a dit un jour : "Je viens jouer avec vous." On est devenus amis. Quand il a créé sa toute première équipe corpo, la Société poitevine de nettoiement, il ne devait pas avoir de gardien et m'a demandé de jouer avec eux, ce que j'ai fait pendant deux ans. Tout en y étant au secrétariat auprès du district. Quand il a fondé La Paillade en 1974 avec Bernard Gasset, les deux ont fait venir beaucoup de joueurs de leurs deux équipes corpo précédentes et quand il a fallu structurer le club qui n'arrêtait pas de monter, il m'a débauché… »

4

SANS FILTRE

Du côté des anciens joueurs, la tête de gondole de La Paillade sera désormais le capitaine nîmois international reconverti libéro Michel Mézy, 31 ans, avec qui Louis Nicollin avait donc pris langue un soir de pluie en Coupe de France. Ce transfert retentissant de celui qui était alors en tête des Étoiles d'or de *France Football* sera vécu comme une trahison côté nîmois. Ce départ ne pouvait pas plus déstabiliser cet encombrant rival. Mézy raconte dans le détail son arrivée : « Depuis le mois de décembre, je suis en discussion avec Nîmes pour renouveler mon contrat sur la durée. Et ça traîne, et ça traîne. Après, j'ai des offres de Bordeaux, de Monaco, à de bons tarifs mais dans ma tête, j'avais vu tellement de joueurs renommés comme Charles-Alfred, Parodi, qui après la carrière avaient eu des difficultés à vivre, que j'ai toujours pensé à l'après football. D'un coup, je vois arriver au bar de mes parents (le Bar Mézy au Grau-du-Roi) Louis Nicollin et Bernard Gasset. Je les reçois dans l'arrière-salle. Loulou me dit : "Je veux à tout prix que vous me rejoigniez." Je lui avoue que normalement avec Nîmes, si ça se fait devant avocat, je suis d'accord avec eux. Et puis ça tarde, ça tarde. Je vais alors voir un avocat qui me prépare un contrat dans lequel je fais mettre : trois ans comme joueur et vingt-cinq ans comme cadre dans sa boîte. Ce qui me porte à... soixante ans ! Un jour, Nicollin me fait savoir qu'il s'impatiente. Et Nîmes me fait alors une proposition sur papier à en-tête du club qui n'avait aucune valeur juridique. Un papelard. Je leur ai dit qu'ils se foutaient de ma gueule. J'ai dit alors à Nicollin : "Je viens vous voir." J'étais leader des Étoiles mais j'allais jouer en deuxième division. J'arrive dans son entreprise dans la zone de Portaly, je monte avec le contrat établi par mon avocat : "Si vous signez ça, je viens." Écoute-moi : il ne l'a même pas regardé, il tournait les pages machinalement, salaire de tant, indexé sur le coût de la vie, etc., jusqu'à soixante ans. Il n'a rien regardé, il a paraphé. Après, Nîmes m'a retiré de son équipe pour les trois derniers matches. »

Appelons ça « coup de foudre » si on veut. Mais, comme dit Mézy : « Comment lui résister ? » Comme

Curioni, comme Nouzaret, comme Di Nallo, comme tant d'autres par la suite, la faconde, le culot et l'enthousiasme du président emportent le (gros) morceau. De la Mosson, on pouvait entendre les cris d'orfraie du président nîmois Paul Calabro accusant son homologue d'avoir pris des contacts avant la date réglementaire du 15 mai. Loulou et Mézy publieront dans un communiqué commun leur vérité, la main sur le cœur ; ce sera leur premier bébé administratif. Mézy sera donc évincé de son équipe sur la fin de saison et découvrira l'amour sous toutes ses facettes d'un président pas comme les autres : « Il y a un truc qui est extraordinaire avec Nicollin. On n'avait pas beaucoup d'écart en âge : cinq ans. Dès que j'ai mis les pieds à Montpellier, je lui ai… appartenu ! Si je peux le dire comme ça. J'ai participé au recrutement, accaparé complet. Ma femme à la buvette avec la sienne. Moi capitaine, je mangeais avec lui après tous les matches donc je ne pouvais jamais aller manger avec les joueurs ; un truc de fou ! Ç'a été réciproque. »

Vaille que vaille, Louis poursuivra son marché, embarquant entre autres dans son beau cabas un ancien et fameux joueur nîmois, l'avant-centre international Jacky Vergnes, le Stéphanois Christian Sarramagna et quelques mois plus tard, le gardien troyen Guy Formici. Autant de joueurs chevronnés pour un seul objectif : la montée.

Elle ne sera pas au rendez-vous. Contrairement, comme d'habitude, à la Coupe de France. Les exploits surviennent en huitièmes de finale puis surtout en quarts. Après avoir disposé de clubs à sa portée, Montpellier va s'offrir les Lensois, pensionnaires à l'étage au-dessus, après avoir pourtant perdu 5-4 au match aller. Anecdote de Nouzaret, hilare quand il l'évoque… quarante-trois ans plus tard : « Pour affronter Lens, on voulait être en forme. Quelques jours plus tôt, on devait jouer contre Montluçon en championnat. Avec Loulou, on a fait inonder le terrain pour ne pas avoir à disputer le match. Le lendemain, crois-moi, il y avait plus d'un litre de flotte sur le terrain ! Alors qu'il n'était pas tombé une goutte ! L'émissaire de la FFF venu voir avait été sympa… » Et Montpellier, ainsi reposé, de se qualifier… Ils seront d'ailleurs plusieurs, dont le président, à se faire friser les cheveux suite à un pari spécial Coupe de France. Pour Loulou, une sorte de préambule à sa crête bleu, blanc et orange, trois décennies plus tard… Mais la grande affaire, ce seront les quarts de finale disputés contre le grand Saint-Étienne, les Verts emmenés par Michel Platini épaulé par les Curkovic, Janvion,

Larios, Rocheteau, Rep, on en passe ! « *Yes you can* », entonnent de conserve Loulou et Nounou sans savoir que cette phrase sera reprise plus tard par un illustre président américain. On plaisante mais oui, ils étaient persuadés que l'exploit était dans leurs cordes, tous leurs témoignages dans la presse en font foi.

Et après un bon nul 0-0 dans une « marmite du diable » chauffée à blanc, une tête victorieuse de Jacky Vergnes égalisant ainsi après un but de Platini, plongera Geoffroy-Guichard dans une déprime qui fera date chez les Verts. En face, par contre, c'était l'allégresse la plus folle !

Monaco éliminera La Paillade en demies mais décidément, cette épreuve est devenue une maîtresse pour un président qui pense à elle de plus en plus passionnément. Mais qui n'oublie pas l'échec dans ce championnat 1979-1980, qu'il va imputer à son ami Robert Nouzaret, premier véritable accroc dans la noria de ses amis proches. Et comme de juste, c'cst à Nîmes qu'il va prospecter, en enrôlant en fin de saison – mais celle-ci n'était pas finie – son entraîneur, le madré Kader Firoud à qui il fait signer un contrat pour la saison suivante. « Il faut savoir que lorsque j'ai contacté Firoud, notre saison était un échec complet ! C'était avant Lens, avant Saint-Étienne », se défendra-t-il dans une grande interview à *France Football* qui mérite qu'on s'y attarde tellement Nicollin s'y confie et pose sur la table toutes ses facettes, riantes ou plus douloureuses. C'était avant la demi-finale de Monaco. De la Coupe, il disait : « Elle nous a fait un grand bien, financièrement et moralement. Tout le monde voit la vie en rose, l'ambiance est là aussi, exceptionnelle. Tenez, dimanche matin, nous sommes tous partis ensemble, joueurs et dirigeants, pour une petite fête au Grau-du-Roi, le club de Michel Mézy. » Façon pour Nicollin de montrer que les fondements de son club allaient toujours se chercher du côté de la camaraderie, de la solidarité, d'une forme d'amateurisme bon enfant. Même quand le club criait famine. En France, en cet hiver 1979-1980, les joueurs avaient accepté de renoncer à leurs salaires. « Je me souviens d'un retour de déplacement à Mulhouse, relate Mézy. Je vois la voiture du président qui se pointe à l'entraînement. Il me dit : "Viens voir. J'ai des problèmes financiers." Je lui ai répondu que j'allais demander aux joueurs de donner leurs salaires après que j'ai donné le mien. Tous, ils ont suivi ! » Ainsi allait la solidarité pailladine, qui sera récompensée ensuite par son brillant parcours en Coupe de France jusqu'à la demi-finale contre Monaco qui aura donc remis du beurre dans les épinards de Loulou. On dit que Colette Nicollin avait même vendu un studio qui lui appartenait pour éviter la banqueroute !

Mais pour en revenir au terrain pur, de Robert Nouzaret, Louis balançait, abrupt : « Écoutez, c'est simple. En tant qu'entraîneur, Nouzaret avait toute ma confiance. Il a choisi des joueurs. En deux années, nous avons fait venir à Montpellier l'équivalent d'une formation complète de première division. Et cette équipe n'accède pas à la première division. Alors, je ne sais plus quoi dire. Je ne suis pas content de Robert Nouzaret. [...] Il a beaucoup de qualités, il est honnête et travailleur, il a tout pour réussir. Peut-être est-il un peu jeune ? Je sais que lui doit penser le contraire, arguant des bons résultats en Coupe. Mais moi aussi, avec mes 110 kg, je pouvais être entraîneur de Montpellier lors des matches contre Lens et Saint-Étienne. N'oublions pas les trente-quatre rencontres de championnat qui ont précédé. [...] Et puis voilà, je ne suis pas un hypocrite, moi ! »

Le problème, dans une amitié, c'est de faire mal à l'autre quand vous avez décidé de vous en séparer. Louis a déjà connu cela avec Di Nallo, son idole, atteint par la limite d'âge. Cette fois, il s'agit d'un autre ami d'enfance lyonnaise, qui lui a permis de grimper presque tous les échelons depuis la DH. Sauf la première division. « Je vous assure que je suis très malheureux de cet état de fait. » On le croit volontiers. Alors, il proposera à Nounou une sorte de cote mal taillée. La préparation physique des joueurs resterait de sa compétence. Mais les entraînements et la compo d'équipe reviendraient à Firoud. Pour la fin de la saison et la prochaine. Nouzaret, en désaccord et droit dans ses bottes, partira à Saint-Dié entre les deux. Commentaire récent de l'homme lésé : « J'étais entraîneur à Montpellier, ça faisait quatre ans, c'était ma première expérience à Montpellier. Nicollin a alors voulu me faire bosser avec Kader Firoud. J'estimais que j'avais fait du bon boulot pendant quatre ans, et je n'avais pas envie de me retrouver numéro deux. J'ai passé une journée avec Kader Firoud, son discours ne passait pas avec moi. Autant je le respecte pour les trucs super qu'il a faits à Nîmes, autant son discours et sa façon de travailler ne passaient pas avec moi. J'ai donc choisi de partir et de travailler ailleurs », las des « incohérences sincères de mon patron ».

« Peut-être ne suis-je pas un président comme les autres ? Il faudra que j'y réfléchisse... »

Sentant une fêlure dans la carapace, le journaliste François de Montvalon demandera à Loulou dans ce même entretien-vérité s'il ne regrettait pas de s'être lancé dans la création d'un grand club professionnel à Montpellier. La réponse nicollinienne est pleine d'enseignements : « Absolument aucun regret ! J'ai connu des peines, des joies. Dernièrement à Saint-Étienne... des émotions pareilles, ça représente quelque chose dans une vie d'homme ! Nouzaret a dit qu'il avait pris part pour 80 % à la construction du club ; il me reste 20 %. Très bien, je m'en contente. Non vraiment, aucun regret. Je sais aujourd'hui qui je suis et connais mes défauts : oui, Nicollin est un petit dictateur, surtout au sein de son comité directeur. Que voulez-vous, j'ai horreur qu'on prenne les gens pour "des billes de clowns" ! »

Enfin, à la demande « y a-t-il une question que vous aimeriez qu'on vous pose ? » il aura ces mots, emplis de sincérité : « Oui, elle concernerait les jeunes. Si j'ai une forte passion pour le football, j'ai aussi une forte passion pour les jeunes footballeurs. Je ne connais pas beaucoup de présidents de club qui, comme moi, s'en vont regarder les pupilles, les minimes et les cadets le dimanche matin. Vous savez, malgré ce que l'on raconte à mon sujet, je garde les pieds sur terre. Je conçois le football sur le terrain, avec les joueurs. Je ne suis pas leur père, je suis leur ami. Finalement, peut-être ne suis-je pas un président comme les autres ? Il faudra que j'y réfléchisse. »

C'est tout réfléchi ! Ainsi découvrait-on dans les médias nationaux le caractère ombrageux et direct d'un président mal à l'aise avec ses amitiés mais parvenant à passer outre. La saison suivante lui donnera raison. Un Nîmois permettra à Montpellier d'atteindre son graal, sept ans après sa création. En cette saison 1980-1981, Kader Firoud, qui avait pris sa retraite depuis deux ans mais que le discours des plus enthousiastes de Nicollin a convaincu, fait merveille. Une fois de plus, La Paillade brille en Coupe, en éliminant cette fois l'OGC Nice en trente-deuxièmes de finale. C'est en quarts que s'arrêtera le parcours Coupe, contre les Verts, en une sorte de revival à l'envers de la saison précédente. Croustillante anecdote : à Bernard Gardon qui venait d'arriver à Saint-Étienne et n'avait donc pas connu le « drame vert » de l'an passé, un journaliste de *L'Équipe* avait demandé s'il craignait l'ambiance à venir de la « marmite du diable » pour ce match retour (Montpellier avait perdu à l'aller 2-1). Ce à quoi le défenseur avait répondu qu'il était plus important pour lui que sa tondeuse à gazon soit en état de marche ! La réaction présidentielle ne se fit pas attendre afin de faire rendre gorge à l'outre-cuidant adversaire : « J'offre le champagne à celui qui lui pincera très fort la joue dans les couloirs ! » Plusieurs doigts se levèrent, et le milieu de terrain Michel Granier se tira honorablement de sa mission d'intimidation. Ce qui n'empêcha pas les Héraultais de se faire éliminer (1-1)...

En championnat, où le club était alors bien classé, s'ensuivirent quelques déconvenues propres à angoisser le président. Mais Firoud rassurera tout le monde. De plus, grâce à lui, Loulou était plus tranquille. Témoin, cet aveu fait au *Midi Libre* : « Depuis le mois de juillet, je n'ai pas passé plus de vingt-cinq heures à la Mosson. Fini les soucis et les tracas quotidiens qui nuisaient à ma vie professionnelle et à la bonne marche de mon entreprise. Lors des matches, il ne me prend plus l'envie d'aller marcher ou de prendre ma bagnole en attendant le coup de sifflet final. » La priorité était la D1 ; le recrutement avait été cette fois minime. Et ç'a marché. Ç'a tellement bien marché qu'avant même l'accession à une journée de la fin après un violent 7-0 dans son groupe B contre Avignon, Loulou avait promis : « Si nous montons, je m'engage à garder tous mes joueurs. Certains d'entre eux m'ont dit que j'étais dingue, qu'on n'était pas là pour faire du sentiment. Je leur ai répondu que je n'avais qu'une parole. » Qui sera tenue. Ainsi va Loulou, de plus en plus présent dans les médias à mesure que son club progresse, pouvant être aussi dur que tendre en affaires footballistiques selon les avatars de son club tant aimé. Mais une fois éteints les flonflons du rêve devenu réalité, il aura cette vision prophétique, déjà emplie de son expérience passée : « C'est dur, très dur, pour y arriver, je suis bien placé pour le savoir. Et maintenant, l'euphorie bien compréhensible s'étant estompée, je me dis que c'est tout aussi dur de se maintenir. Alors, vous comprenez, ça gamberge un brin ! Je suis heureux, certes, mais en même temps un peu soucieux, un peu inquiet, j'appréhende un peu [...] Nous avons de grandes ambitions, et tout peut être remis en question. » On l'entend d'ici s'écrier : « mama ! »

Son inquiétude sera vite légitimée par une saison en tout point catastrophique. Le recrutement abondant à tous les postes est un désastre. Les joueurs sont tous ou presque des chevaux de retour, loin des pur-sang camarguais que Loulou découvre, admiratif, dans la région. Pas de doute, les vieux n'ont plus le niveau ad hoc. Montpellier se prend des taules et, comble de l'humiliation, se fait sortir de son épreuve favorite, la Coupe, au septième tour par le modeste Sanary (« Onze peintres ! ») rappelant La Paillade de jadis. Serge Delmas, alors à la formation, se souvient, hilare, de la réaction présidentielle, et l'anecdote qu'il va narrer est savoureuse :

« On revenait en car d'un match de CFA, à Grammont, le samedi soir, la nuit ; la porte s'ouvre : qui nous attendait ? Louis, en peignoir !

– Vous avez fait quoi ?

– On a gagné 1-0.

– Ça va. Les autres, je les attends, ils vont voir !

Les pros venaient de se faire éliminer en trente-deuxièmes par Sanary. Il les a réunis quand ils sont arrivés pour leur mettre une avoinée. Parmi les joueurs, il y avait le Hongrois Alex Zombori qui, le lendemain, inquiet, a demandé :

– C'est vrai qu'on a changé de banque ?

– Non, pourquoi ?

– Parce qu'il a dit : "Vous irez vous faire payer chez Cuq !"

C'était une des phrases de Louis, "vous irez vous faire payer chez Cuq", quand il n'était pas content… »

Loulou se verra ensuite contraint d'abandonner Firoud en essayant de sauvegarder les apparences – « J'ai du respect pour cet homme-là, c'est lui qui a fait Nîmes, je ne peux pas le foutre à la porte » –, bombardera Michel Mézy, qui n'a plus ses meilleures jambes, manager général pour épauler le nouvel entraîneur Jacques Bonnet, qui était, on l'a vu, l'entraîneur d'Avignon le fameux soir si agité où son équipe avait empêché Montpellier La Paillade de monter en D2. Qui finit dernier de cette saison 1981-1982 avec 22 points, 23 défaites et 67 buts encaissés. Même dans ses angoisses les plus intenses, même dans ses pires cauchemars, jamais Louis n'avait envisagé une telle déconfiture, de celles qui lui ont donné envie pour la première fois de démissionner. Il faut l'entendre, et donc le lire, pour mesurer l'étendue du traumatisme. Un soir d'une énième défaite à domicile, par exemple : « T'as vu ? Hier, n'importe quelle équipe en visite chez nous avait la fièvre avant de rentrer sur le terrain. Maintenant, ils rigolent tous, ça me fait mal… » Tout le monde en prend pour son grade. Les joueurs : « C'est une erreur, je le sais maintenant. Quand un joueur signe chez moi [notez le "chez moi"], il faudrait au moins que le ciel me tombe sur la tête pour qu'il soit viré. J'ai toujours tout donné aux joueurs. Pourtant, nous [notez le "nous"] aurions dû nous séparer de sept d'entre eux en début de saison, et je n'ai pas eu la force… Malgré cela, j'étais persuadé qu'avec un tel groupe, nous resterions sans problème en première division. » Louis regrette, Louis s'en veut, Louis cherche tout haut des explications, et c'est ce qui le rend attendrissant, loin des langues de bois habituelles : « C'est vrai, je peux le dire aujourd'hui, à l'époque, j'étais moins motivé. Mes affaires me prenaient beaucoup de temps et j'ai ressenti immédiatement un malaise qui n'allait pas nous quitter de l'année. »

« Je n'aurais pas dû déclarer que mes joueurs étaient des clowns »

Ainsi va une communication présidentielle qui n'élude rien, dit en direct tout ce qui se passe dans sa tête au moment où le journaliste lui pose une question. C'est pain bénit pour la presse, c'est spontané, émouvant même. Mais aussi dommageable, Loulou le sait mais on ne le refera pas. Il se sent trahi, regrette ses propres déclarations (« je n'aurais pas dû déclarer à un journaliste que mes joueurs étaient des clowns »), mord rudement ses joueurs, que ce soit Jacques Santini qui occupait le poste de libéro de Michel Mézy (« il n'a pas su user des responsabilités que je lui avais confiées ») ou l'avant-centre argentin Victor Trossero, « payé 35 000 francs par mois et Kern 6 000. Et c'est Kern qui nous rend le plus de services ; est-ce normal ? »

Bref, il y en a pour tout le monde et il est temps, au travers de ce premier et retentissant échec, d'essayer de cerner – un peu – la psychologie nicollinienne.

Sous le titre « Les personnes sans filtre, la sincérité mal comprise », la psychologue-journaliste Sara Clemente dresse dans une étude et sans le savoir un portrait plutôt fidèle de l'attachant Loulou. En préambule, elle écrit : « Les personnes sans filtre ne savent pas comment inhiber leurs sentiments, leurs pensées ou leurs émotions. Par conséquent, elles libèrent ce qui leur vient à l'esprit, sans réfléchir aux conséquences de ce qu'elles partagent. » Ce que fait souvent Loulou. On ne peut pas dire qu'il tourne sept fois sa langue dans sa bouche avant de balancer ses parpaings verbaux, et plus le temps passera, plus la presse s'en délectera, à l'affût d'une nouvelle saillie présidentielle. C'est seulement après avoir parlé qu'il en mesure les conséquences.

Elle écrit aussi : « Les personnes sans filtre sont généralement très radicales dans leurs décisions. » Il est vrai que notre président préféré est souvent embarrassé lorsqu'il s'agit d'être mesuré. Contraint parfois de châtier son langage ou d'expliciter une mesure qu'il a prise, il pratique alors l'humour, l'autodérision, parle parfois à la troisième personne, comme pour montrer qu'il ne faut pas être dupe du ton qu'il emploie et que lui-même ne l'est pas : « Oui, Nicollin est un petit dictateur, surtout au sein de son comité directeur. » Les courbettes verbales ne sont pas son genre et il préfère pratiquer sa vérité abrupte et sincère. On précisera néanmoins que la position de président-décideur l'oblige parfois, souvent, à cette radicalité. Il commande, les autres obéissent. Logique.

Était-il conscient que la personne sans filtre qu'il était, cette mèche courte prête à s'embraser, pouvait devenir insupportable ? Certainement. « J'ai mon caractère, je suis explosif mais comment ne pas l'être à trente-six ans ? Je vide les poubelles, j'ai beaucoup de copains… qu'y puis-je ? On m'aime ou on ne m'aime pas », disait-il déjà en 1980.

Oui, Loulou était sans filtre. Prompt en paroles, en réponses, en justifications. Et ce sera aux managers généraux qu'il nommera, ou bien ses directeurs sportifs, de faire preuve de diplomatie. À ce jeu, Mézy et Nouzaret, ensemble ou séparément, s'avéreront souvent habiles, même si d'inévitables crises surviendront. Car ces deux derniers avaient aussi du caractère. D'où étincelles… De celles qui font aussi l'histoire de La Paillade.

5

FORMATION DE LA FORMATION

Suivront cinq saisons au purgatoire. Les premiers temps sont durs. Le public semble se volatiliser, Louis traverse de fortes turbulences professionnelles avec, en point d'orgue, le changement de municipalité à Nîmes, l'UDF Jean Bousquet succédant au communiste Émile Jourdan. De grève en grève du personnel de Louis Nicollin, les poubelles de la préfecture gardoise quittèrent le giron de Loulou ; on comprend mieux son aversion pour Nîmes, ses préoccupations et cette énième sortie : « Si demain quelqu'un venait avec une solide équipe de dirigeants et un projet sérieux, je partirais. Parce que c'est devenu invivable. Je pèse mes mots ; c'est impossible. » La saison d'après est souvent ardue.

Mais il est heureusement un indicateur qui dit que la situation va refleurir, c'est le jeune centre de formation de Montpellier, drivé par Jacques Bonnet puis Serge Delmas, qui donne ses premiers beaux fruits. Quand était arrivé en 1980 sur les bords de la Mosson l'ancien directeur du centre de formation de l'OM et ex-entraîneur d'« Avi-gnons » – comme quoi Loulou n'est pas rancunier –, les jeunes joueurs se changeaient encore dans des baraquements de fortune genre Algeco à la Mosson, il y avait là aussi les bureaux du club, la cuisine et le dortoir. Varlot avait l'habitude non pas de parler du stade de la Mosson mais du « Stalag de la Mosson »… Deux ou trois personnes devaient s'occuper de tout… « En fait, avec Mme Gasset, c'est nous qui avons créé le tout premier centre de formation, explique Colette Nicollin. Il y avait juste un bungalow où déjà étaient présents les frères Passi. Une dame venait y faire à manger, on mettait des rideaux aux fenêtres… Et puis, grâce à Georges Frêche, nous avons pu emménager à Grammont près de la chapelle. Je m'y suis occupée de beaucoup de choses ; on a tout installé, avec M. et Mme Saez. » Colette, très soucieuse du devenir des enfants, les fera bien vite scolariser à l'école privée Daudet dans le centre-ville.

« Si tu ne gagnes pas le week-end prochain, tu peux prendre tes valises ! »

Là-dessus, Bonnet put donc mettre en place des structures dans lesquelles Delmas se fondit, aidé par Patrick Chauvry dont la carrière est un lumineux exemple de ce que le président a toujours voulu : sérail, transmission, amitié. Chauvry était un ancien joueur de Perpignan puis du Montpellier Littoral d'avant fusion. Loulou est allé le chercher, lui et d'autres, comme Coco Terrasse et André Cristol, bombardé aussitôt entraîneur de cette débutante Paillade. Comme Delmas, aussi, buteur de la montée en D3 quelques années plus tôt. Avec La Paillade, Chauvry a joué défenseur central puis latéral jusqu'en 1980 avant de devenir, un an plus tard, l'entraîneur-joueur de la DH quand la montée de l'équipe première en D1 exigeait tout un redéploiement de ses équipes des étages inférieurs. Nicollin a aussi trouvé du travail pour son épouse et pour son frère. Avec lui, Bonnet puis Delmas ont donc fait passer les apprentis joueurs de l'école privée Daudet aux salles de classes du château de Grammont, un ancien prieuré devenu une propriété viticole. Là-bas, les intendants/surveillants, qui avaient leur appartement de fonction, étaient Louis Saez, ancien bon joueur de Béziers et du Montpellier Littoral (dont le fils Jean-Louis, qui a joué au MHSC, est aujourd'hui manager des féminines) par ailleurs employé à la mairie, et son épouse Janine.

Le centre s'est donc installé somme toute rapidement à Grammont, et comme tout se fait en famille, c'est donc Colette Nicollin qui avait veillé à la décoration des chambres des joueurs. Un de ses plus illustres pensionnaires, Pascal Baills, resté lui aussi très longtemps – il demeure le joueur le plus capé de l'histoire du club (429 matches, toutes compétitions confondues) –, se souvient encore de « Bernard Gasset qui allait au marché de la gare nous acheter des légumes ». Ce travail de fond, cette proximité familiale auprès des jeunes, cette main tendue sont des constantes nicolliniennes qui font que Chauvry, à soixante-dix ans, est toujours au club, aujourd'hui intendant de la formation. « Je ne le dirai jamais assez : je lui dois tout, les emplois pour ma famille, ma carrière, tout. Et je ne suis pas le seul. » Delmas ne dit pas autre chose : « Je lui serai toujours redevable. C'est lui qui m'a mis le pied à l'étrier au niveau du boulot. »

Une détection express alentour et régionale avait permis de dénicher les Laurent Blanc, les frères Passi,

Pascal Baills ou encore Kader Ferhaoui. Bien joué. Ce dernier non plus n'a jamais oublié « l'atmosphère extraordinaire et conviviale dans laquelle on a appris notre métier. Tout le monde participait à l'aventure du club. On préparait aussi les sandwiches et on aidait madame Nicollin à la buvette. Et le mercredi, on allait entraîner les jeunes du club ». Transmission, transmission, toujours. Quant au fleuron de la promotion, Laurent Blanc, Michel Mézy dira plus tard de lui : « C'est le meilleur et le plus grand joueur sur la durée de l'histoire de La Paillade. Il y a débuté du temps des baraquements de la Mosson, il a grimpé tous les échelons au niveau national et international. »

Arrêtons-nous justement cinq minutes sur l'arrivée et le ressenti du futur plus grand joueur de l'histoire montpelliéraine. « J'avais fait un essai non concluant à Monaco et j'avais des clubs comme Lens ou Strasbourg sur les rangs, explique-t-il. Quand ma mère a vu sur une carte où se situait Strasbourg, elle a pleuré… J'avais plein de copains en sélection occitane, dont les frères Passi, et je ne voulais pas quitter la région. » Alors, Serge Delmas va foncer : « Quand j'ai su qu'il n'avait pas été pris à Monaco, j'ai tout de suite appelé Francis Andreu, alors trésorier de La Paillade, pour lui dire de me préparer un ANS, un accord de non-sollicitation. Le père de Laurent avait une maison à Carnon ; on l'y a fait signer. J'ai vu ensuite Loulou et je lui ai dit : "On a fait signer, je pense, un bon joueur !" Il me dit : "Je viendrai le voir." »

Le temps passe. Delmas est amoureux de son poulain qui grimpe les échelons de la hiérarchie quatre à quatre. Jusqu'à ce qu'il le fasse jouer en réserve, en CFA.

« 15 h 30, reprend Delmas. Loulou arrive ; je le sais à la porte du terrain qui couinait. Il me dit "pousse-toi" et s'assoit à côté de moi. "Elle est où, ta star ?" Je lui réponds que c'est le numéro huit. C'était le tout premier match de Laurent en CFA et il fut assez discret. À la fin du match, Loulou me tape sur la cuisse : "Bien joué, M. Delmas ! Si le petit ne réussit pas, vous avez quand même bien fait de le prendre, il sera pivot de mon équipe de basket !" » Quand Louis était vaguement contrarié, il se mettait à vouvoyer ceux qu'il tutoyait d'ordinaire... Moyennant quoi, Blanc deviendra très vite l'étoile la plus scintillante de la jeune galaxie pailladine.

En ces *eighties* naissantes, l'heure était décidément aux changements structurels tous azimuts, côté foot comme côté entreprise. Feu Marcel Nicollin avait promis de son vivant de céder « son » Portaly à la ville, de toute façon devenu trop petit pour y loger tous les camions d'une entreprise florissante. Il était temps car une nuit de 14 juillet, une des bennes Nicollin avait dévalé la pente pour se crasher en contrebas au beau milieu de la route Montpellier-Béziers sans autre incident, heureusement, qu'un grillage de protection défoncé. Louis trouva un terrain bien plus grand, deux hectares, dans le coin, rue de la Castelle, au sud-ouest de la ville, pas bien loin de l'autoroute A7, où étaient déversées depuis quinze ans les ordures collectées par la ville. Le terrain nettoyé put ainsi accueillir les bâtiments administratifs, les locaux du personnel et, *last but not least*, de flambant neufs et nombreux garages. Et s'il était encore trop tôt pour tirer les premiers dividendes de la nouvelle implantation du siège de l'entreprise, en revanche, côté formation, les résultats ne tarderont pas.

Car à présent, voilà que le club dispute la finale de la Coupe Gambardella quatre ans après la mise en place du centre ! Il la perd mais les Gérald et Franck Passi, les Laurent Blanc ou Jean-Marc Guédé sont tellement prometteurs qu'ils rendent le sourire à leur président qui avait eu le nez creux de mettre en branle la formation, il n'y a pas si longtemps que cela, rappelez-vous. Et qui non seulement l'a mise en route mais l'a suivie de très près. « À cette époque, se souvient Laurent Blanc, notre Gambardella marchait du feu de Dieu. J'étais capitaine de cette équipe et il venait à tous les matches. Il me disait : “Tu passeras à mon bureau lundi.” Je peux te dire qu'il était très généreux. » Celui qui était aller le dénicher, Serge Delmas, appuie encore le trait : « Louis ne nous lâchait pas ! Le lundi, on faisait une réunion au centre de formation, dans la grande salle en bas, au début, à Grammont, dans le bâtiment accolé à l'église. En haut, il y avait quelques chambres ; en bas, la grande salle où M. et Mme Saez préparaient les repas. Loulou, son truc, c'était le lundi, une fois qu'il avait chez lui épluché tous nos résultats du week-end. Au repas, il était assis en bout de table et tous les éducateurs du club étaient conviés à discuter avec lui de nos résultats. Quand tu avais gagné ; tu pouvais déjeuner tranquille. Si tu avais perdu, a fortiori contre Nîmes, tu comprenais ta douleur. Il faisait alors du Loulou : “Si tu ne gagnes pas le week-end prochain, tu peux prendre tes valises.” Dix mille fois, il nous l'a faite, celle-là ! »

Malheureusement, à peine la Gambardella perdue en finale face à Laval, aux tirs au but (0-0), que Louis

Finale de Coupe de France 1963 rejouée au Parc des Princes.
Banderole et humour.

Idole de jeunesse, Fleury Di Nallo a apporté son écot à l'exploit contre l'OM en 32e de Coupe de France, à Alès.

« J'aurais payé pour vivre ça ! » La Paillade vient d'éliminer l'OL en seizièmes de finale de la Coupe de France. Bonheur collectif.

Michel Drucker, Anne-Marie Peysson, tirage au sort de la Coupe de France, c'est la gloire !

Les années folles. Avec Bernard Gasset et Robert Nouzaret.

Le bureau de Louis est encore sommaire malgré son téléphone sur « ressort ».

« Jésus Louis » et ses apôtres : Michel Mézy et Robert Nouzaret.

Quart de finale de Coupe de France 1980. La Paillade élimine les Verts de Platini. Louis et le défenseur Régis Durand sont aux anges.

1987. La victoire du retour en D1 contre Lyon. Louis et un employé de son entreprise, Maurice Vega, exultent.

Susic, De Zayas, Blanc, Loulou. Ça a chauffé au Parc des Princes !

« Le mariage du siècle » titrait *L'Équipe*. Avec Éric Cantona et Stéphane Paille, la cérémonie fut laborieuse puis belle.

Entrée sur le terrain.

Oublié le jet de chaussure ! La Coupe de France a zappé l'incident.

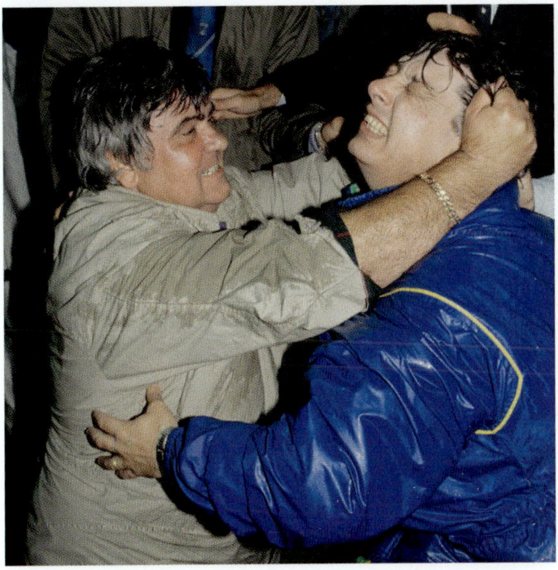

Après la victoire
en Coupe, une joie...
intense, partagée
avec Michel Mézy.

Georges Frêche
et Louis Nicollin
ont tout fait pour
promouvoir leur ville.

« Jacquet
est le meilleur
entraîneur qui soit
passé à Montpellier. »
Mais difficilement
soluble dans la folie
pailladine.

La bise au président Mitterrand est pour bientôt !

La tournée au Koweït fut égayée par le relationnel de Louis Nicollin et Michel Platini.

Contre Manchester, Barrabé s'est troué ; Louis est en souffrance.

Roger Milla fut l'une des plus grandes vedettes à avoir joué au club.

Olé ! Louis adore ses taureaux.

Gérard Gili, en plein travail pédagogique...

Finale de Coupe perdue contre Auxerre. La tête des mauvais jours.

Veste et cravate pourpre : Louis aimait bien s'habiller.

Olivier à gauche, Laurent à droite : les héritiers.

Louis fut le grand
précurseur
du football féminin
en France.

Dernière journée.
Montpellier -
Strasbourg.
Les deux prétendent
à la remontée en D1.
Ce sera pour Loulou,
devant plus de
30 000 spectateurs.
Larmes.

Ses chevaux
camarguais,
le meilleur des
décontractants
pour Louis Nicollin.

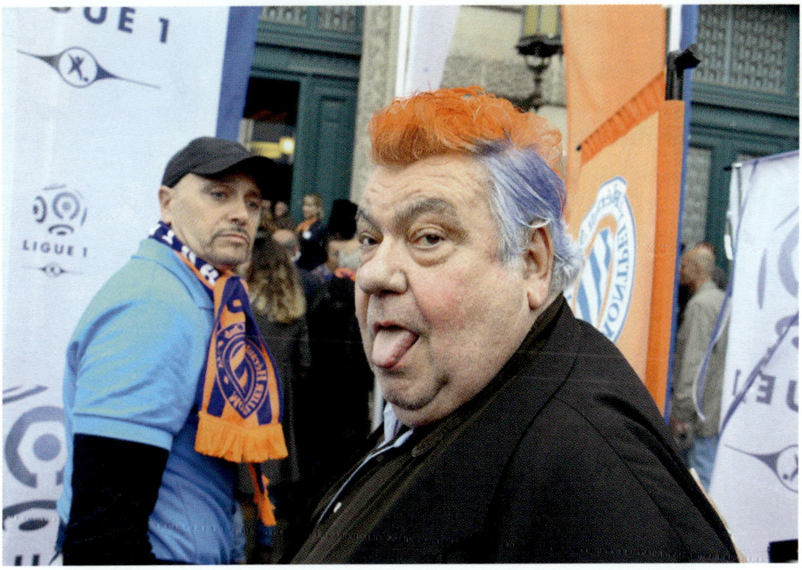

Chose promise, chose due. Un titre de champion valait bien une crête.

Pas de grand homme sans une femme de bonne influence.
Colette entretient toujours, aujourd'hui, la flamme.

Ces deux-là, Louis et Rolland Courbis, étaient faits pour s'entendre.
Puis se désunir.

Montpellier-OM, le 11 avril 2014. Occasion de retrouvailles
avec Carlos Valderrama et le maire de la ville, Philippe Saurel.

Jean-Louis Gasset, fils de Bernard, « frère de sang » de Louis Nicollin, fut le dernier entraîneur de son vivant.

Toute une ville pleure et acclame son grand homme de cœur.

« Louis, si j'avais su que me reviendrait l'honneur, après la douleur, d'écrire ta biographie... »

Avec Loulou, dans son cabriolet spécial musée.

propose à Delmas des tâches nettement plus administratives, Bonnet retrouvant ses primes prérogatives à la formation. Contacté par Toulouse qui lui propose la création là-bas d'un centre de formation (un appel du pied qui avait également séduit Francis Andreu, avec qui il avait joué en corpo, parti un an plus tôt), Delmas accepte et va annoncer la nouvelle à son président : « Il a piqué sa crise, parlant de trahison ; je lui ai expliqué mais il n'a rien voulu entendre. » Il y restera jusqu'en 1994 inclus deux dernières saisons comme entraîneur de l'équipe première. Un coup de fil à Toulouse – « Oh ! mon petit Sergio ! Tu te plais à Toulouse ? » – lui montrera que son fougueux président ne l'avait quand même pas oublié…

Le club change, évolue. Oubliés, les papys, vive les jeunes ! Et pendant que le maillage de l'entreprise Nicollin va bon train, notamment dans le sud-ouest de la région parisienne non loin de Versailles (Buc, Saclay, Vauhallan, Bièvres, Vélizy, Chaville), Robert Nouzaret revient entraîner. Avec Louis, les orages sont violents mais fugaces. Le beau temps peut revenir d'un coup d'arc-en-ciel, celui des copains, aussi. D'ailleurs, il y en a un nouveau qui a fait aussi son apparition dans l'organigramme du club : Philippe Peybernes a remplacé Francis Andreu comme secrétaire général.

Sa compagne est une nièce de Colette Nicollin. Comme d'habitude en ces temps héroïques, cette arrivée si importante s'est déroulée comme dans un rêve, une poignée de main et hop là : bienvenu au clan ! « J'avais 25 ans, raconte Peybernes, et je devais entrer à la Banque de France ; j'avais juste une licence de droit privé. Je n'avais aucune vocation pour devenir salarié d'un club de foot ! Mais j'ai déjeuné chez Louis Nicollin qui m'a demandé si ça m'intéresserait de m'occuper de l'administratif et du financier de son club et j'ai dit oui… » C'était l'époque du chèque aux joueurs en fin de mois, et on peut dire que dans ce contexte d'un autre âge, le petit nouveau a bien appris sur le tas. Et d'ailleurs, à l'heure d'écrire ces lignes, il est toujours directeur administratif et financier du club, quarante-cinq ans plus tard. La fidélité ou l'un des ressorts préférés de Louis.

Peybernes avait été précédé par un autre fameux rouage de la famille pailladine : Pierre-Marie Grappin. Alias « mon petit Maîtrou », comme Loulou aimait appeler cet avocat dont la prime passion était le rugby. Embauché au départ comme bénévole pour faire partie du comité directeur, Grappin sera vite appelé ensuite à régler nombre de problèmes pratiques au sein du club, parmi lesquels la vie des tribunes :

« C'était pratique, pour les gens de la butte, de suivre notre attaque. À la mi-temps, ils tournaient et allaient s'installer dans les tribunes métalliques en face en dégageant ceux qui y étaient. Ça grognait… » Et c'est ainsi que, de fil en aiguille, Maître Grappin deviendra le Monsieur Sécurité du club, ce qu'il est toujours, en 2024. « Je ne suis pas objectif, ajoute-t-il quand on évoque avec lui la personnalité de feu Loulou : il est le frère que je n'ai pas eu et j'ai été le frère qu'il n'a pas eu. C'était un humaniste avant l'heure même si on pouvait ne plus s'adresser la parole pendant deux ou trois mois. La seule chose qu'il n'ait pas réussi à me faire faire, c'est de jouer aux cartes en avion. Bernard Gasset lui avait bien appris ! Il disait : "Tiens, voilà l'intellectuel qui se retire avec son bouquin !" »

De son côté, Frêche a confiance dans tout ce petit monde en pleine structuration, en pleine expansion, observe avec intérêt le club de sa ville se développer en même temps que l'immobilier de la commune et augmente passablement sa subvention. Alors bien sûr, c'est vrai que le club aurait pu être barragiste en 1984-1985, à un poil près, une défaite à Béziers lors de la dernière journée, à l'issue de laquelle Robert Nouzaret annonce son… départ, ulcéré par des tractations qui, selon lui, auraient eu lieu derrière son dos, comme la venue de Roger Milla, la perle camerounaise, et celle du Vert Christian Lopez. Et puis, le nom d'un nouvel entraîneur, Georges Peyroche, circulait, et cela, il ne le supportera pas. Pourtant, tout semblait être calé sur un contrat oral. Mais une proposition de l'OL cher à son cœur emporta le morceau. La version présidentielle est bien sûr différente (« Il s'était mis d'accord avec Lyon bien avant la saison et n'était opposé en rien à ce que nous engagions des joueurs »), et la solution, toute trouvée : Mézy repassait entraîneur, avec comme adjoint Jean-Louis Gasset, joueur des années folles et fils de Bernard. Famille, quand tu nous tiens. Cela vaut le coup d'entendre et de lire Mézy raconter son intronisation ! « Nicollin me dit : "Michel, tu vas faire une réunion avec les gens du club et tu vas voir qui peut être l'entraîneur de La Paillade." Alors, je convoque tous mes mecs du club, Delmas, Gasset, Bonnet, et on se réunit. Louis revient vers midi : "Alors, tu as trouvé ? – Non, on discute. – Moi, je sais qui va être entraîneur. – Ah bon ?" Je ne l'ai pas vu venir ! Ça n'est pas un truc que je voulais faire. Je devais passer les diplômes en accéléré, avec Henri Michel, je n'y suis pas allé. Et il me dit : "C'est toi, et on y va !" »

Il est des vocations qui naissent étrangement... D'ailleurs, ça n'en était pas une ! Mézy n'avait jamais songé à devenir entraîneur. Mais, une fois de plus, comment résister au plus attendrissant des ouragans ?

Tiens ? Valadier est de retour... Il va marquer 22 buts en cette saison 1985-1986 mais même avec le renfort de deux joueurs hongrois, Andras Torocsik et Laszlo Kiss, ce ne sera pas encore pour cette fois-ci que le club retrouvera le paradis. « Avec un bon gardien, on aurait atteint les barrages », grincera Loulou, toujours aimable... Il avait oublié qu'il avait été lui-même à l'origine du fiasco hongrois. Mézy à l'anecdote : « On était venus observer l'attaquant Toroczik à Budapest sur un derby Ujpest-Ferencvaros. Le match attaque. Torocsik, au bout de deux minutes, est expulsé ! Je dis à Louis : "On s'en va ! Qu'est-ce qu'on fait ? Il ne joue plus..." Il me répond : "Non, on regarde, l'autre est pas mal..." C'était Laszlo Kiss. On fait le débrief, on arrive à l'hôtel, et je vais dans ma chambre. Je lui avais pourtant dit : "Bon, on les prend pas." Le téléphone sonne : "Michel, viens me voir dans la chambre !" Et Nicollin me dit : "Un type qui se fait expulser et que quatre-vingt mille personnes applaudissent, on le prend !" Et voilà. Une saison. On a pris les deux ! » Sans réussite. « Ce qu'il m'en a fait faire ! sourit aujourd'hui Michel Mézy, toujours au bord des larmes quand il évoque son président et ami. Et même quand on était en froid, si j'avais besoin de lui, je savais qu'en un quart d'heure il était là. Et vice versa. Un problème ? J'allais voir ma famille. Puis Nicollin. »

La réussite, ce sera pour 1987. « On monte ou je m'en vais », avait tonné Loulou. On monte ! Avec Roger Milla et Laurent Blanc déchaînés, dix-huit buts chacun.

« Je ne peux pas accepter que Michel se plante. C'est ma peur »

Ça se jouera lors de la dernière journée contre le Lyon entraîné par Nouzaret ! Quel clin d'œil ! Et pourtant, malgré cette rencontre si décisive, si importante pour l'histoire du club, nos amis ne feront pas l'économie d'un psychodrame avant même qu'elle ne se joue. Dans un hôtel parisien, tenaillé par une angoisse grandissante – « J'ai 800 °C de fièvre » –, Nicollin nous révélera : « Avec Michel, nous avons fait un pari. Celui de faire monter le club. Mon attitude est celle d'un père pour un fils. Nous avons toujours été ensemble, nous avons des liens d'amitié ; je ne peux pas accepter qu'il se plante. Voilà. C'est ma peur. Qu'on se plante tous les deux. Si nous n'avions que de simples relations de travail, je ne dis pas. Mais là, ce n'est pas pareil. Avec l'expérience acquise depuis deux ans, je pense qu'un poste de manager, près de l'homme de terrain, lui conviendrait parfaitement. Il pourrait faire un truc fabuleux. »

Avec Roger Milla devant, Gérard Bernardet en chef d'orchestre, Jean-Claude Lemoult comme ratisseur de ballons, et Nenad Stojkovic derrière, le club a réussi l'alliage parfait de la jeunesse et de l'expérience.

L'international camerounais avait déjà failli signer l'année précédente mais son président stéphanois, André Laurent, s'y était alors farouchement opposé. Présenté à la Mosson, passablement augmenté par rapport à ses verts émoluments, le vieux lion, meilleur buteur de la CAN 1986, tissera des liens techniques au-dessus de la moyenne avec Laurent Blanc. Les deux se tireront la bourre jusqu'à, donc, terminer à dix-huit buts chacun. Alors, après la belle victoire 3-1 contre l'OL (premier but signé Milla) qui verra Louis pleurer à chaudes larmes dans les vestiaires en folie où Georges Frêche poussera la chansonnette, la fête chez Loulou sera mémorable, nombreux seront les journalistes à être précipités dans la piscine, l'auteur inclus.

Une fois les lampions éteints, Mézy affirmera que « mentalement, [il a] beaucoup souffert au cours de ces deux dernières saisons. [Il va] élargir le champ de [s]on action pour aider Montpellier à construire un grand club ». Mais le lendemain, il nous dira, contrit : « Il est évident que ce changement de poste est dur à avaler. J'avais pris goût à ma fonction et j'étais très, très bien avec mes joueurs. Il faut comprendre que tout ce que j'ai fait, je l'ai fait avec ma foi, avec mes tripes, par amitié pour Nicollin. Il m'est arrivé un truc fabuleux ; je ne veux pas trop me mettre en avant mais deux ans pour monter, c'est assez bien. Mais Nicollin, c'est comme un frère aîné. Quand j'ai eu des emmerdes, il m'a trouvé et inversement. Alors, je me voyais mal nous battre tous les deux. Si j'avais dit : "Je veux rester entraîneur", personne n'aurait rien dit. Mais pour que La Paillade devienne un grand club, il faut une bonne entente à tous les niveaux. »

Ainsi va La Paillade dont l'amitié est le ressort le plus important de son histoire. L'amitié. La transmission. Combien de joueurs reconvertis dans l'entreprise ou présents à tous les échelons du club ? Et quand ils ne sont pas restés, ils n'ont jamais oublié, témoin, en l'occurrence, Roger Milla : « Montpellier est le club de ma vie. Je n'oublierai jamais l'accueil qui m'y a été fait. Louis Nicollin n'était pas seulement un président, c'était un père de famille. Il considérait les joueurs comme ses enfants. Je remercie Colette pour tout ce qu'elle a fait pour moi. Avec ses fils, Laurent et Olivier, on est restés vraiment une famille. » Et si ça n'est pas un autre fils de Nicollin, c'est : « parce qu'il est noir et que je ne peux donc pas l'avoir fait ». Du Loulou dans le texte.

Pierre Mosca et Louis Nicollin avaient fait connaissance lors de la Coupe du monde 1986 au Mexique, et le premier avait séduit le second : « Pierrot est un ancien Montpelliérain, son épouse est d'ici. Ses propos et sa façon de voir les choses m'avaient bien plu. Compte tenu de l'opportunité [Mosca avait quitté le Stade Rennais] et comme Mézy était d'accord avec ce choix, il n'y avait aucune raison pour qu'on ne le prenne pas avec nous. » Toujours ce « nous » que Louis emploie pour évoquer le club…

Le retour que donnera Mosca de sa venue n'étonnera personne ; c'est du Loulou tout craché : « Au départ, j'avais davantage de liens avec Bernard Gasset. Mais au Mexique, nous avons passé tout le séjour ensemble. Je me souviens des grosses bagnoles que le président louait pour se déplacer d'un stade à l'autre. À la fin du Mondial, Loulou me dit : "Pierrot, si tu as un problème, je serai là." Peu de temps après ma démission de Rennes, je reçois un coup de téléphone, c'était Louis. »

C'est également à l'occasion du Mondial mexicain que Nicollin tissera des liens de plus en plus étroits avec Michel Platini, qui témoigne : « Je l'ai plus connu en 1986 quand il y avait les voyages de l'équipe de France. La Fédération en organisait un – payant – où il y avait mes parents mais aussi Louis et Colette. On a sympathisé. Et quand je suis devenu sélectionneur, je l'ai fait venir comme représentant de la Ligue à l'équipe de France. C'est là qu'on s'est le plus connus. Après, on est partis tous les ans en vacances. Pendant longtemps. » Témoin de cette amitié naissante qui jamais ne se démentira, le manager du Variétés Football Club et journaliste Jacques Vendroux, qui a prononcé un discours lors de la messe d'enterrement de Louis Nicollin, constatait et constate encore : « Louis a toujours été un enfant, un ado. Quand Michel Platini lui adressait la parole, on voyait combien ça le touchait. Il était heureux comme un gosse. Pareil quand un joueur lui apportait un maillot. Il a fait beaucoup de tournées avec nous, et c'était merveilleux. »

Le maire de Montpellier Georges Frêche a apprécié la montée en première division et voit plus que jamais l'intérêt d'avoir un grand club à Montpellier, aussi grand que les travaux pharaoniques qui transforment la ville ; comme en témoigne le quartier Antigone créé par l'architecte catalan Ricardo Bofill et dont les travaux ont commencé trois ans plus tôt, juste à côté de la Comédie. Il promet de revoir le stade dans les deux ans qui viennent et tient parole puisque dès 1988, avec sa tribune présidentielle revue et corrigée et la construction des tribunes Heidelberg et Mosson, la jauge du stade passe à 23 500 spectateurs. Il double la subvention qui passe de 2,5 à 5 millions de francs. Nicollin, qui ne veut pas se séparer de son meilleur élément Laurent Blanc – « Pour trois milliards, si, allez ! Le cas échéant, même pour deux » –, peut donc faire son marché. Il parvient à faire venir le Brésilien Julio César qui lui avait tapé dans l'œil au Mexique et jouait à Brest après avoir ferraillé avec la marque Leclerc alors actionnaire principal du Stade Brestois ; Perez (Nîmes), Laurey et Cubaynes (OM), Larios (Nice) et le gardien Albert Rust (Sochaux) suivront.

Mais si monsieur le maire roule pour le football, il ne veut pourtant pas que son ami en prenne trop à son aise avec d'autres sports. L'attelage

Frêche-Nicollin, en cette même année 1987, permettra au club de handball local, le Cosmos Montpellier, de devenir Montpellier Paillade Sport Club. Dans le même ordre d'idée, le Montpellier Paillade Basket, que Louis avait créé en reprenant le club de Juvignac moribond en 1985, brillait à présent de mille feux après avoir grimpé quatre à quatre tous les échelons. Les Américains Sam Mitchell et Rick Raivio ainsi que le colosse Apollo Faye régalaient, et Louis Nicollin était un sponsor heureux et en vogue. Trop aux yeux de Frêche, qui, à mesure que les clubs progressaient, « municipalisera » tout son monde en 1989 sous les appellations Montpellier Handball et Montpellier Basket avec changements de couleurs. Comme quoi, on peut être potes mais jusqu'à un certain point. L'ego du maire est illimité, il donne déjà beaucoup au football, et son meilleur ami doit s'incliner...

« On voit aux matches du beau linge, car les parkings sont gardés et les autoradios ne sont plus volés »

Mais revenons à notre ballon rond à nous. Avec cette magnifique équipe sur le papier comme sur le terrain, Montpellier deviendra illico européen en fin de saison, terminant troisième du championnat derrière Monaco et Bordeaux. Formidable ! La plus belle saison de l'histoire du club jusqu'à présent faisait grand plaisir à son président même si l'argent englouti « a fait baisser la participation des 1 600 employés du groupe Nicollin. Mais cela rehausse un peu l'image [du] métier, ce n'est pas toujours facile de ramasser les poubelles ». Frêche tient ses promesses de subvention et de rénovation du stade ; La Paillade joue dans la cour des grands, les PSG, Matra Racing, Bordeaux, qu'il cartonne pour la plupart : « Nous avions une image de club un peu voyou, il fallait devenir crédibles. La Paillade, c'était Chicago ; le stade, c'était marqué "défendu" pour les notables ; mon bureau, c'était un bungalow. Depuis trois ans, on s'est structurés, on a modernisé, on a soigné l'image du club. Maintenant, on voit aux matches du beau linge car les parkings sont gardés et les autoradios ne sont plus volés. » La fameuse butte des débuts est devenue un kop imposant où s'agglutinent les plus fiévreux des supporters. Lors de la fête qui suivra cette glorieuse fin de saison, Louis offrira avec émotion le ballon du dernier match à sa maman. Quatorze ans après la DH, sa si chère Paillade était européenne.

De quoi être fier devant sa mère puisque chez Louis, amis, famille et souvenirs font partie intégrante de ses projets. C'est sa grandeur, toujours, sa belle âme qui miroite par-dessus. La preuve, une fois de plus : pour le premier match de Coupe d'Europe de La Paillade contre Benfica, le 7 septembre 1988 (défaite sèche à domicile 0-3 puis 1-3 à Lisbonne), celui qui sera bientôt élu dirigeant de l'année par *France Football* a invité les présidents des clubs qui étaient dans le groupe de DH lors de la création du club. « Et comme je n'avais pas été très gentil avec les arbitres à cette époque, j'ai aussi invité ceux qui jugeaient nos rencontres corpo, ceux de nos rencontres importantes lors des premières années. Tous sauf M. Espugne-Darses, celui du fameux Montpellier-Avignon à la Mosson qui avait dégénéré… »

Mais la déception est au bout du chemin, avec son cortège de prises de tête. Loulou a fait venir à grands frais le Colombien Carlos Valderrama du Deportivo Cali pour 12 millions de francs. Il a été élu meilleur joueur sud-américain en 1987 et 1988. Mais son « toque », son toucher de balle typique, son aversion pour défendre, aussi, ne collent ni avec la fougue pailladine, ni avec la fluidité de Blanc et Bernardet. Contrairement à Roger Milla, la greffe technique ne prend pas. Il arrive à Mosca de ne pas lui faire confiance, Mézy est en accord sur ce sujet mais pas Loulou. C'est que Louis adore son joueur qu'il a su attirer dans ses filets avant tout le gratin européen, et pas que pour des raisons techniques. Il s'est vraiment pris d'amitié pour son Colombien qui le lui rend bien. Drivé par Nestor Combin (dit « la foudre », ex-avant-centre lyonnais aux côtés de Di Nallo et donc idole de facto du président) qui joue les interprètes, le joueur à la tignasse infernale découvre le luxe, et ce faisant, gaffe dans la quatrième dimension ! Ainsi découvre-t-il sa maison avec piscine. Ignorant ces usages aquatiques, ayant peur que ses deux enfants s'y noient, il prend bien soin de la vider tout entière après chaque utilisation ! Sa compagne n'était pas en reste et croyait qu'il fallait remplir soi-même d'eau la machine à laver... Tout cela, par ignorance, ne fleurait pas bon les économies, ce qui rendait tout de même Loulou un peu dingue, avant que de l'attendrir...

Sur le terrain, Mosca ne partageait pas cet amour. Tellement pas que « quand une relation de confiance entre un président et un entraîneur a disparu, il vaut mieux arrêter les frais et ne pas insister », dixit l'entraîneur. De fait, ce fut une saison bien décevante. Élimination sans gloire, donc, par Benfica en Coupe d'Europe, par Monaco en seizièmes de finale de Coupe de France, départ de Bernardet pour l'OM, neuvième place en championnat, pas de quoi pavoiser. Et pourtant, La Paillade devenue cette année le Montpellier Hérault Sport Club en échange, si l'on ose dire, de subventions municipales et départementales toujours à la hausse, va faire bien vite la Une de l'actualité.

6

RÊVES-PARTIES

Le pouls du club va s'emballer à la fin de saison 1989 en une sorte de fuite en avant. Loulou ne peut se résoudre à ce que son club ait galvaudé sa saison européenne. Pour retrouver les sommets, il embauche Aimé Jacquet, neuf ans passés aux Girondins, deux doublés Coupe-championnat, viré par son président Claude Bez, et ami de Michel Mézy. Un cador. « Le meilleur technicien de France », dit le président. Évidemment, on peut douter a priori de l'homogénéité du tandem Mémé-Loulou. Le premier est plutôt d'une grande austérité ; le second, on commence à bien le connaître, n'est-ce pas ? Mais confiance à Mézy pour mettre de l'harmonie dans tout cela, du sel dans le potage. Jacquet nous dira d'emblée à l'époque avoir « découvert Nicollin sous un jour différent. Son contact a été très spontané, sympathique, convivial. Montpellier a des ambitions et c'est une ville en pleine expansion. Son football peut donner un relief intéressant à toute une ville, ce qui [lui a permis] de venir ici pleinement confiant et assuré. » De son côté, celui qui l'a fait venir avait l'euphorie communicative : « J'ai toujours eu du respect pour Aimé. On en a cherché d'autres mais il n'y avait pas de match. Mémé, je l'ai trouvé décontracté. Tout le monde me disait : "Tu vas voir, c'est quelqu'un de froid qui ne rigole pas." Maintenant, je ne dis pas qu'on va se fendre la pêche mais je l'ai trouvé décontracté, plein d'humour. » Et il en faut une bonne dose, dans le coin… Mais pour une fois, on le constate, Louis ne fait pas appel à un ami ou même une connaissance. Jacquet, prestigieux entraîneur, ça vous embellit la vitrine !

Et que dire de l'arrivée, dans la foulée, du duo de choc et d'attaquants Paille-Cantona, artisans du premier titre de champion d'Europe Espoirs 1988 avec l'équipe de France ! Alors que Louis était en cure d'amaigrissement, Tapie lui a téléphoné et soufflé, à l'oreille, forcément, l'idée d'un prêt d'Éric Cantona, plus en odeur de sainteté à l'OM après un jet de maillot intempestif. Stéphane Paille ? Mise à prix 12 millions de francs par le FC Sochaux. Pour ce duo incandescent qui brillait de mille feux en équipe de France Espoirs championne d'Europe 1988, pour ce

« Mariage du siècle » comme le titra *L'Équipe* à sa Une, Louis mit la main à la poche, put compter sur une rallonge de la mairie et du conseil général de l'Hérault maintenant que La Paillade était donc devenue Montpellier-Hérault SC, appellation contrôlée et discutée par certains, ce qui par ailleurs lui fit avoir ce commentaire : « Rien de choquant là-dedans. Je ne sais pas si on s'embourgeoise mais c'est vrai que nous avions un petit côté voyou. Aujourd'hui, on reçoit les équipes avec un bouquet mais si nous pouvions y mettre uniquement des épines, on le ferait. »

« Mémé est le plus grand entraîneur qui soit passé à Montpellier »

Mais cette double (bien) venue n'alla certes pas de soi, et si l'on ausculte l'emploi du temps présidentiel dans les jours qui la précédèrent, on comprend mieux la débauche d'énergie, le stress, le soulagement, bref, tout ce qui peut vous secouer le palpitant d'un extrême à l'autre et qui devait certainement user le cœur de notre président préféré. Nous avons été personnellement le témoin de cette suractivité sur quelques jours, et avions donc entamé pour *L'Équipe* un reportage du type « vu de l'intérieur ». Tout avait commencé par une alléchante proposition comme seule Loulou pouvait en faire :

« On part voir la finale Milan-Steaua à Barcelone en avion. Ça te dit de partir avec nous ?

– Euh… oui, bien sûr ! »

Dans le Beechcraft, Louis, Michel Mézy, Aimé Jacquet, Philippe Peybernes et quelques autres. Au Nou Camp, Louis retrouvera une vieille connaissance : Pierre Mosca. Ils tomberont dans les bras l'un l'autre. Malgré tout, Louis était peu loquace, rongé par la venue pas encore effective de Paille et Cantona. Dans un de ses rares moments d'apaisement (« Je n'ai même pas le temps de m'occuper de mon travail »), il nous soufflera, absolument prémonitoire mais sans bien sûr le savoir : « Ah ! S'il y a une chose que j'aimerais bien, ce serait gagner la Coupe de France. J'y tiens tellement que je mettrais moi-même le brassard de capitaine, que je viendrais moi-même prendre la coupe des mains de M. Mitterrand. Et je l'embrasserais sur la bouche ! » Mais une fois le verdict de la finale rendu : 4-0 pour le Milan d'Arrigo Sacchi, il balancera : « Eh bien mon colon, on n'y est pas ! » Nous étions le mercredi soir.

Le lendemain, des valises sous les yeux, coups de téléphone hyper importants à son homologue sochalien Jean Thouzery, en présence de Mézy et Jacquet puis visite éclair au conseil général, dont le président Gérard Saumade lui a promis cinq millions de rallonge. Quelques heures plus tard, il fonce à Grammont discuter avec son gardien de but Albert Rust pour une prolongation d'un an. « Je lui ai promis de le reconvertir dans mon entreprise si nous sommes européens. » Rust acceptera. De retour chez lui, les coups de fil pleuvent de partout. Des journalistes, des imprésarios. Colette, son épouse, a du mal à faire le tri !

Vendredi. Nouvel avion, direction Saint-Tropez, cette fois pour le ramassage d'ordures. Ces affaires sont-elles plus sérieuses que celles du ballon rond ? Quand ce dernier ne tournera pas… rond, Louis dira que oui. Il avait prévu de rencontrer le président sochalien Jacques Thouzery dans la foulée à Nice mais ce dernier se décommandera, se contentant d'un coup de fil qui fera grimacer le président pailladin, pardon montpelliérain : « Pour Paille, Sochaux ne veut pas en démordre : c'est douze millions de francs. Il me semble qu'ils étaient plus conciliants avec Bordeaux : pourquoi dix briques à eux et douze à nous ? » En fin de journée, il nous expliquera alors que rien ne l'y obligeait : « J'ai passé ma journée au téléphone. Avec

M. Thouzery, avec les clubs susceptibles d'embaucher Patrick Cubaynes (avant-centre montpelliérain forcément éclipsé par la venue de Paille). Je devais voir Valderrama demain matin. Mais son interprète est indisponible. Je les vois lundi. Mercredi, il part pour Bogota. Il va passer trois mois avec son pays, la Colombie, pour la Copa America et la Coupe du monde. S'il trouve un club, c'est OK. J'ai le droit à deux joueurs hors CEE. Avec Julio César, le compte y est ; je n'entrave pas la loi. J'ai mon temps pour négocier. » Mais le défenseur brésilien sera transféré à la Juventus quelques semaines plus tard.

Le samedi, « Canto » et Jacquet arrivent ensemble. Mais ça n'empêche pas Louis de rester soucieux : « Tapie a l'air de dire que les conditions ne sont plus les mêmes. Ça bloque. Quand je te dis que ça n'est pas signé ! » Nous n'aurions pas aimé être son tensiomètre à ce moment-là. Vers 15 h 30, à Castelnau, tout le monde est là. Cantona, Paille, leur imprésario Alain Migliascio, Michel Mézy et Aimé Jacquet filent à la propriété présidentielle. On croirait attendre la fumée blanche de l'élection d'un pape, mais elle est toujours grise. Le dimanche matin, tous les journalistes qui faisaient le pied de grue en sont toujours pour leur frais. Rien. Et puis vers midi et demi, Loulou s'adresse à la presse : « On s'excuse du retard mais quand on fait venir les deux meilleurs joueurs français, il y a encore certaines choses à régler. Je n'ai pas menti en disant que le problème serait réglé ce matin. »

Et c'est dans une atmosphère de liesse aux bureaux du club que Paille avait reconnu au moment de sa signature : « Ce que je retiens, c'est que lorsque M. Nicollin parle d'argent, il parle de *son* argent. Il n'est pas garant ou caution de l'argent qu'il met, c'est le sien ! Ça veut dire qu'il y croit, qu'il s'investit comme nous le faisons, Éric et moi, en signant chez lui. C'est un passionné. » Pendant ce temps-là, le président assume ses choix de luxe : « Paille sait ce qu'il veut, Cantona a l'air timide. » Le front de Louis ruisselle : « Je suis mort. »

Voilà pour ces quelques jours vécus, à l'époque, de l'intérieur. *Inside Montpellier,* dirait-on aujourd'hui. Sidérante expérience pour un jeune journaliste qui n'en revenait pas de tant de franchise et de transparence. Seul Louis vous donnait cela sans en attendre un quelconque retour.

Mais pour ce qui concerne Cantona, il avait eu encore ces mots avant-coureurs : « Peut-être qu'il a eu des sautes d'humeur, des paroles, mais je suis prêt à assumer. » Elles viendront plus vite qu'il ne les subodorait mais c'est lui qui sera l'auteur du premier dérapage. Dans *L'Équipe*, Gérard Etcheverry écrivait avec beaucoup de justesse : « Comme toujours avec Louis Nicollin, tout commence avec de l'humour. Un bon mot qui vous désarme, un formidable éclat de rire en forme de boutade, comme s'il voulait expier ses péchés, gommer le poids de ses fautes. » La dernière en date, donc ? Son irruption, sur le terrain lors de PSG-Montpellier le 5 août 1989 et une attitude menaçante vis-à-vis de l'arbitre de la rencontre, M. De Zayas, coupable, entre autres, de ne pas avoir vu une faute du parisien Vujovic. Et de se justifier, un peu comme le ferait un enfant : « Coupable de quoi ? Je ne l'ai pas malmené et encore moins assassiné, que je sache ; je l'ai simplement touché à la poitrine. » Chez Louis, l'iniquité se doublait en l'occurrence d'une inquiétude due au rendement calamiteux de son équipe pour laquelle il avait cassé sa tirelire : « Que voulez-vous, je ne suis pas un président comme les autres. Pas le genre à m'asseoir dans la tribune à côté de mon épouse et de deux gonzesses, et à fumer le cigare. C'est bon pour d'autres. Moi, j'aime mon équipe et je déteste l'injustice. Personne ne pourra jamais me changer sur ce plan-là. » L'esprit pailladin perce donc encore sous l'étiquette plus noble du

MHSC. Laissons-le poursuivre et comprenons son angoisse : « Il y a actuellement tellement d'enjeux financiers dans le football que je réagis là comme un chef d'entreprise. Mais je suis fébrile, effectivement. Avec les trois oiseaux que j'ai pris, je n'ai pas droit à l'erreur. Mais tout cela va s'arranger. Il faut laisser le temps pour que la mayonnaise prenne. »

Elle ne prendra pas. Trop de moutarde, pas assez d'huile. Après une défaite contre Lille, dans les vestiaires, Cantona envoie sa chaussure cramponnée dans le visage de Lemoult coupable d'une analyse qui ne mettait pas les attaquants en valeur, dont Canto. Ce fut, du moins, la version de l'époque. Le milieu de terrain bouffeur de kilomètres qu'était Jean-Claude Lemoult nous livre sa vérité : « On venait de perdre 2-0. Avec Der Zakarian, on dit qu'on ne marque pas. Canto intervient : "Vous avez quelque chose à dire ?" Nous : "On te parle pas..." Il a voulu me mettre sa chaussure dans la figure mais il y a eu séparation et je n'ai pas reçu de godasse. Ça n'était pas le drame du siècle mais c'était Canto... »

En tout cas, quelle que soit la version donnée, « tu ne porteras plus jamais le maillot de La Paillade ! », s'emporte Loulou auprès de Canto en cet automne déprimant, n'écoutant une fois de plus que la spontanéité du « sans-filtre » qu'il est resté. Mais ce sont de chaudes larmes qui couleront de ses joues lors d'un raout avec nos amis du *Midi Libre*. Loulou a vu cette affaire de vestiaires devenir étatique – « si je tenais avec certitude qui a téléphoné un peu partout, je m'occuperais de ses miches » –, et la France entière prendre fait et cause pour Canto. C'est devenu une affaire nationale, et Louis espère de tout son cœur « qu'une bonne fée va [leur] permettre de [se] rencontrer tous les deux sans témoin, pour une franche explication ». Elle aura lieu, tranquille, sur un parking, incognito, la veille d'un match contre Saint-Étienne.

Mais le club se traîne toujours, indigne de son standing. Et le 14 février 1990, une photo terrible barre la Une de *L'Équipe*. On y voit le club telle une équipe de foot avec, assis de gauche à droite, Mézy, Nicollin et Frêche et, debout, Paille, Jacquet et Cantona. Une photo prise en juin. Quand tout était miel. Deux croix rouges biffent Paille et Jacquet. Au-dessus, ce gros et bon titre qui fait mal : « Jacquet à la poubelle ». Une demi-saison plus tard, c'est donc un terrible constat d'échec. Paille a précédé Jacquet dès le mois de novembre, signant à Bordeaux. Et là, c'est au tour d'un entraîneur à qui Louis avait pourtant réédité sa confiance quelques jours auparavant.

Mais comme souvent chez Louis, l'intuition s'avère irréfragable. Pour lui, Jacquet n'est plus l'homme de la situation, il en a l'intime conviction : « C'est le plus grand entraîneur qui soit passé à Montpellier. Mais ce qui lui manque, c'est l'âme d'un guerrier. Or, nous devons retrouver l'esprit de La Paillade pour les treize journées de championnat qui nous restent à disputer. » L'a-t-il seulement été un jour, l'homme de la situation ? Comment vouliez-vous que l'austère « Mémé » encaisse et vive l'inénarrable anecdote qui suit, racontée plus tard par Louis au journaliste Arnaud Tulipier ? Montpellier se traînait en championnat. « Daniel Xuereb [attaquant] me dit : "Président, si on veut gagner, il faut faire venir le sorcier du Sénégal. Borelli [ancien président du PSG] va vous donner son numéro." On fait venir le sorcier, on le paie, il dit : "Je veux un poulet." Vivant. On lui donne son poulet. On est à la collation, à 17 heures, le poulet est sur la table, les gars tout autour. Il dit : "Tous ceux qui seront tachés de sang, vous pourrez jouer et vous gagnerez, les autres dehors, vous ne jouerez pas !" Et rac ! Avec un sabre, il coupe la tête du poulet, qui continue de courir dans tous les sens. Le sang jaillissait de partout. On a gagné 3-0 ! » Contre Toulon. Il paraît qu'Aimé Jacquet était outré, que Michel Mézy, habitué de la maison, n'avait pas voulu assister à la scène. Quant au défenseur brésilien Julio César, il hurlait au secours, son survêt' devenu rouge… sang.

« Je suis fier d'avoir un président comme Mitterrand. C'est un homme qui me botte »

Aimé n'était certes pas couleur locale… C'est cet esprit Paillade que perd le club quand il veut devenir trop ambitieux. Et qui de mieux que Michel Mézy pour incarner cet éternel retour aux sources ? C'est le dépanneur préféré de Louis. Celui qui voit tout, qui sait tout, qui peut tout. Et qui raconte : « J'étais tombé malade, trois mois à la maison, je crachais le sang. J'avais beaucoup d'affection pour Aimé mais on ne gagnait pas. Pour ma rentrée, je vais voir jouer la réserve au Puy-en-Velay, et comme on me conduisait, je pouvais récupérer ma voiture à Grammont après avoir assisté à Lyon à notre défaite 3-1 qui nous faisait devenir dernier au classement. Sur le pare-brise de ma voiture à Grammont, sous l'essuie-glace, il y avait marqué : "Dès que tu rentres, viens à la maison ! Loulou".

J'arrive. "Entre à la cuisine ! Demain, tu prends le survêtement !" Je lui réponds : "J'ai été malade deux mois, hors de question !" Je rentre à la maison. Louis part à la Martinique pour les affaires. À 6 heures du matin, il me dit des trucs que même maintenant, je ne veux pas révéler. Je téléphone à Aimé, je lui dis que je ne peux pas ne pas prendre l'équipe. »

Nicollin, lui, rassuré par sa dernière et énergique décision (« Si Mézy refusait, je le foutais à la porte lui aussi ! »), peut partir se changer les idées avec l'équipe de France et y retrouver son ami Michel Platini : « Quand il est devenu représentant de la Ligue auprès de l'équipe de France, explique celui-ci, on a eu une atmosphère exceptionnelle avec lui durant cinq ans. Au Koweït, on avait rigolé ! J'étais arrivé à la tête de l'équipe de France après qu'on eut échoué pour la qualif du Mondial 1990 ; je voulais recréer un groupe et on était donc partis en tournée de l'équipe de France au Koweït. Les journalistes nous avaient tous remerciés d'être venus. On s'était régalés. Loulou était donc le responsable. Il mettait l'ambiance, il était chaleureux avec tout le monde ; c'était adorable. Le voir à dos de chameau ou enfiler – ou enlever ! – une djellaba, c'était génial ! C'est là-bas qu'on s'est bien connus, à tel point qu'après on est toujours partis en vacances. À la

Mamounia de Marrakech, à l'île Maurice… Louis ne passait ses vacances qu'avec moi. Quinze jours, trois semaines. Je pense que je le faisais rêver à travers ma carrière, à travers mes buts. » Sûr ! Les joueurs que Louis a adorés sont un de ses moteurs de vie.

À son retour du Koweït, Nicollin tiendra des propos prémonitoires sur l'avenir de son « nouvel », entre guillemets, entraîneur qu'il connaît si bien : « Il a l'habitude, il va s'en tirer. Mais à mon avis, Michel n'est pas fait pour rester entraîneur de Montpellier au-delà de cette saison. » Mézy fera mieux que s'en tirer. Non seulement, le club ne va pas descendre – il aura la bonne idée de faire glisser Laurant Blanc au poste de libéro, ce dont le joueur au début ne voulait pas entendre parler – mais il va gagner la Coupe de France, l'épreuve tant chérie par son président, celle que son club draguait de si près, jadis. Contre le RC Paris, après prolongation (2-1). Alors, la joie de son président est profonde, immense, à la hauteur de cet événement du 2 juin 1990 qui demeurera comme l'une des plus grandes dates de l'histoire du club et de son président, tellement celui-ci est obsédé par cette épreuve depuis sa plus tendre enfance : « Heureusement que le bon Dieu a été avec nous en Coupe de France parce que moi, je me suis vu perdu et de retour en D2 ! » Soulagé, il est comme un enfant quand il raconte sa bise d'avant match au président Mitterrand restée célèbre et qu'il avait, on l'a vu, imaginée quelques mois plus tôt : « Lors de la présentation des équipes, je lui ai dit que je souhaitais l'embrasser après la finale si on la gagnait. Il m'a répondu : "Vaut mieux peut-être le faire maintenant ?" Un président de la République, on n'en voit pas un tous les jours. Je suis assez cocorico, j'aime mon pays alors je suis fier d'avoir un président comme lui. C'est un homme qui me botte. Il est d'une simplicité terrible. Je ne vois pas un Giscard ou tous ces types nous parler comme ça. » Et puis il y a ses dédicaces, touchantes, sincères : « Quand vous voyez vos deux fils qui vous sautent dessus à la fin du match… La famille, c'est vachement important. Je pense que cette victoire, je peux la dédier aussi à Michel Mézy puis à mon ami Bernard Gasset. Sans lui, je ne serais pas le président que je suis aujourd'hui. Il ne faut pas oublier non plus les gens qui nous ont aidés : Gasset, Mézy mais aussi Nouzaret. Ces trois personnes sont très importantes pour moi. » Cette Coupe de France ramenée à la maison, c'est aussi un des meilleurs souvenirs de ses deux fils, l'un adolescent de 17 ans, Laurent, l'autre jeune adulte, Olivier : « On était rentrés en avion le lendemain, raconte Laurent, et le pilote nous avait fait survoler la place de la Comédie qui était noire de monde ! » Inoubliable.

Laurent Blanc considère aussi cette Coupe de France comme son « meilleur souvenir » : « On était allés la chercher de très loin après une année de merde ! En demies, on était allés gagner à l'extérieur à Saint-Étienne à dix contre onze alors qu'on n'avait jamais gagné hors de nos bases. M. Nicollin nous a emmenés sur les Champs-Élysées à Paris, on a fait la fête à Montpellier ; il a été royal ! »

Seulement, une fois cette fête terminée, Mézy va quitter le club. On l'avait déjà trouvé vaguement absent lors de la fiesta post-finale. Que s'est-il passé ? Louis ne le sentait pas pour un an de plus, on l'a vu. Et puis, Nouzaret était revenu comme directeur sportif avec de grandes prérogatives. Nîmes – ah Nîmes ! – lui a proposé le poste de manager général pour cinq ans. Pouvait-il refuser cela au club qui avait fait de lui un international ? Peut-être las de jouer les bouche-trous et fatigué de l'amour usant et volcanique de Loulou, Mézy a accepté la proposition du club honni dont il avait été le capitaine, jadis. « Il m'avait déjà fait le coup une fois me disant que c'était pour me protéger. Cette fois, je ne l'ai pas cru mais j'ai peut-être eu tort ? En tout cas, ce jour-là, nous avons chialé comme des gamins. » Mais ce départ est bien sûr vécu comme une trahison… On sait qu'il en va de Nîmes à Montpellier comme de Saint-Étienne à Lyon ou de Paris à Marseille. Louis se sent « cocu » : « Je vais oser une comparaison. Si vous avez été longtemps marié et qu'un jour parce que ça n'allait plus dans votre couple, vous êtes amené à divorcer, ce n'est pas pour autant que votre femme devient une moins que rien. Je suis un président meurtri, c'est tout. » Notez bien qu'il n'a pas dit « ex-femme » ! Une sacrée nuance, au fond… Et de laisser entendre que, comme directeur sportif, Nouzaret est présent à toute heure, ce que Mézy n'aurait pas été. Mais pourquoi se priver de ce dernier comme entraîneur ? Pour ne pas avoir à virer, une fois de plus, un ami de toujours ? Y en aurait-il un de trop avec « Nounou » aux yeux de Mézy ? Louis reconnaît que « Paille-Cantona, c'était une grosse folie » mais qu'il a « trouvé en Nouzaret un solide rempart ». Pour l'empêcher d'en faire d'autres ? Au fait, le nouvel entraîneur, le Polonais Henryk Kasperczak n'est pas de la famille. Il est austère comme Jacquet, insiste sur la rigueur, la discipline. Et même si, en tant que patron, Loulou, évoquant le colombien Valderrama, explique que « quand un garçon représente un gros investissement, il faut le faire jouer. Sinon, comment le transférer un jour si personne ne le voit plus ? », son entraîneur ne se laisse pas marcher sur ses plates-bandes.

« Quand je vois d'où on vient et où on est... »

La C2 (grâce à Mézy) qui s'ensuit va donner l'occasion à Montpellier d'écrire ses plus belles pages d'histoire européenne, et à son bouillant président, de balancer certaines de ses plus célèbres saillies verbales. « Ils nous prennent pour des jambons complets » est ainsi adressé aux dirigeants du PSV Eindhoven, vainqueur de la C1 deux ans auparavant, coupables d'avoir envoyé une bafouille administrative rappelant les cadeaux nécessaires à faire pour les membres de la délégation néerlandaise. « Nous donner des leçons de savoir-vivre, c'est se moquer du monde ! » On ne sait si c'est par ce biais furibard que les ex-Pailladins furent transcendés mais ils éliminèrent l'équipe des Romario, Popescu, van Breukelen, Geets, Bosman, etc. Un véritable exploit de légende. (1-0, 0-0). Platini était présent dans les tribunes du Philips Stadion, aux côtés d'Aimé Jacquet alors devenu entraîneur de Nancy : « On a vu Loulou, les trois dernières minutes, qui ne cessait de prendre à partie le juge de touche, qui lui courait après pour lui dire que le temps était terminé. Je m'en souviens comme si c'était hier ! »

Puis, en huitièmes de finale, ce fut au tour du Steaua Bucarest de s'incliner très lourdement, 5-0, 3-0 dans de dantesques conditions à l'aller : orage, joueur roumain en position très favorable qui s'arrête croyant à un coup de sifflet de l'arbitre alors que c'est un spectateur. La Mosson est en transes. Avec ce score, Montpellier se sent tellement à l'abri, à juste titre, que Nicollin apostrophe le journaliste vedette de France Bleu Hérault, Philippe Sers : « Oh, Sersou ! Je vais commenter le match avec toi à Bucarest ! Oui, ça m'intéresse. J'ai vraiment envie de faire le match avec toi ; on va se régaler ! » Il engueulera son acolyte parce qu'il ne réagissait pas assez fort à son goût sur le premier but de Montpellier. Mais il pleurera à chaudes larmes quelques jours plus tard à Old Trafford, avant même que ne démarre le quart retour contre Manchester United. « Sersou » lui tendra son micro : « Quand je vois d'où on vient et où l'on est… » Il faut dire aussi que trois qualifications consécutives jusqu'aux quarts de finale avaient amélioré une situation financière assez catastrophique – on sait pourquoi – que la débutante DNCG aurait dénoncée si elle avait été mise en place juste un peu plus tôt.

Cette rencontre de légende se présentait bien, après le bon nul ramené d'Old Trafford 1-1, mais une grosse faute de main de leur gardien de but Claude Barrabé précipita la défaite 0-2. Le lendemain, quand *L'Équipe* titrait « À deux mains Barrabé », Louis, anéanti, avait eu le temps de balancer dans les vestiaires à l'endroit de son numéro un « celui-là, qu'il retourne dans ses cocotiers ! » rapport à ses origines réunionnaises. Sans filtre… Le problème est que, tout entiers tendus vers cet objectif qui brillait de plus en plus fort dans la tête des joueurs, ils en oublièrent quelque peu le championnat où ils avaient pourtant bien démarré la saison, la Coupe de France, itou. En guise de quoi, le MHSC termina septième, et son président compta une fois de plus ses sous, le budget du club se réduisant de 35 % : « Aucune société ne s'est associée avec nous, voilà la preuve de la faiblesse de nos structures. J'essaie, sans le faire trop brutalement, de ramener Montpellier à la raison, et par la même occasion, moi aussi… » Un peu comme si la Méditerranée se retirait… Heureusement, elle n'a pas de marée. Ou si peu.

7

BIENVENU AU MAS SAINT-GABRIEL

La fête est finie. C'est la gueule de bois post-européenne. Le déjà mythique Laurent Blanc est transféré à Naples pour 11 millions de francs, record du club, les Lemoult, Xuereb, Valderrama partent aussi. Nicollin reconnaît – ce n'est pas la lucidité qui lui manque lorsqu'il est calme : « Jusqu'à présent, sans dire que nous faisions n'importe quoi, j'avoue que je ne tenais pas trop compte de l'aspect financier. J'ai eu la chance que mon club passe deux tours de Coupe d'Europe et que Naples m'achète Laurent Blanc. Sinon, je serais sur la paille. » Blanc, symbole éclatant de la réussite du centre de formation montpelliérain. « Depuis l'époque où j'associais Paille et Cantona, j'ai appris à compter. Aujourd'hui, en 1992, le déficit du club est de 9 millions de francs. On progresse doucement. Mon ambition prioritaire cette année est d'équilibrer le bilan comptable du club. » Seulement – ainsi va Loulou, toujours sur le fil de ses pensées parfois contradictoires – il rêve encore et toujours, et reconnaît : « C'est vrai, je vais avoir du mal à supporter que mon équipe joue longtemps les seconds rôles. À dire vrai, d'ici un an ou deux maximum, j'exigerai que l'on frappe un grand coup. Je donnerai les moyens pour qu'on se place parmi les deux ou trois meilleurs clubs français et, pourquoi pas, qu'on gagne le titre. » Allons bon ! Sa passion est donc toujours intacte ? « Elle ne s'étiole pas mais je n'ai jamais supporté la médiocrité ou alors pas longtemps. Je veux encore connaître la folie d'une Coupe d'Europe, les palpitations que provoque la Coupe de France entre mes mains. Certains disent que je vais casser ma pipe sur un terrain de foot ; je préférerais mourir dans mon lit mais après tout, la pelouse ferait un beau linceul. Je ne suis pas mégalo. En 1974, ce club n'était rien, j'ai tout fait tout seul et peu de gens peuvent se vanter d'une telle réussite. D'autant que même si demain je gagne la Coupe d'Europe, après demain, je retournerai avec mes employés pour vider les poubelles. » Du grand Loulou, qui jamais n'oublie son entreprise pour le foot. Et honnêtement, qui, dans ce grand barnum qu'est la Division 1, se confie ainsi sans fard dans une désarmante spontanéité qui peut lui jouer des tours mais qui le rend si attachant ? Personne. Parce qu'il a, comme il le rappelle, tout créé de ses mains, il a le droit d'espérer, de renâcler, de maudire, de s'emballer. On lui pardonne tout – et les médias avec – parce qu'on sait tout ce que le club représente pour lui. C'est toute sa vie ou presque, ce sont ses rêves d'enfant devenus réalité, c'est « la fille qu'il n'a pas eue », pour reprendre son mot. Alors, oui, Louis, tu as tous les droits, y compris celui de te tromper, et on t'aime pour cela.

Au fait, Kasperczak est parti en claquant la porte. Il ne sera pas resté bien longtemps : « Je ne suis pas une marionnette qui dit oui un jour et non le lendemain. Il y a des attitudes insupportables. Les rapports entre Robert Nouzaret et moi se sont détériorés, et le président le sait. Tous les prétextes étaient bons à la critique. Les joueurs n'étaient pas utilisés selon leurs compétences, les entraînements n'étaient pas assez variés, etc. Comment voulez-vous ne pas réagir ? J'ai pris une décision logique et réfléchie. » Ça se finit souvent comme ça, quand l'entraîneur n'est pas du sérail. Au début, il est séduit, mais ensuite… Ensuite, place à Gérard Gili (en 1992-1993) qui avait fait deux fois le doublé avec l'OM de Tapie, plus conciliant sur le papier, avec pour le coup un adjoint ami de la famille, un certain Jean-Louis Gasset – tiens donc ? – qui avait déjà épaulé Mézy quelques années auparavant. Les finances douloureuses obligent le club à compter plus que jamais sur ses jeunes joueurs. « Le téléphone sonne chez moi, à Marseille, se souvient Gili ; je travaillais à Canal +. “Allô, c'est Louis Nicollin. Quand viens-tu travailler à La Paillade ?” Sans réfléchir je lui ai répondu : “Demain matin dans votre bureau !” Il n'y a pas eu de discussion et ç'a dû lui plaire... »

Mais rien de bien folichon ne se passe en cette première saison gilienne, ni en championnat, ni en affaires... Le 9 février 1994, Louis Nicollin prend l'avion pour traiter poubelles à Saint-Denis de la Réunion. À peine descendu de l'avion que le voilà arrêté par les gendarmes de la brigade de recherches départementale, menotté et enfermé illico presto dans une cellule à la caserne Verines ! La présomption d'innocence est une valeur bien française mais la violence de la garde à vue aussi, hélas. Pendant une heure, il ne fait pas le barbot, assis près de toilettes à la turque... Il sera mis en examen le lendemain, moyennant un contrôle judiciaire assorti d'une caution d'un million de francs. Il sera condamné un an plus tard à un an de prison avec sursis, accusé d'avoir « acheté » le fils du vice-président de la commission d'appel d'offres qui lui avait attribué le marché des ordures de Saint-Denis de la Réunion.

De retour sur les terrains, Louis suit de très près les évolutions d'une de ses dernières foucades : le milieu de terrain numéro dix Aliocha Asanovic, le Croate ayant été élu meilleur joueur étranger du championnat avec le FC Metz deux ans auparavant. À cette évocation, Gili se gondole : « Toujours assis à côté de moi, Louis était boudeur et mâchouillait sa bouteille avec anxiété quand je ne faisais pas jouer un de ses chouchous, et Asanovic était le plus emblématique de tous. Il ne regardait pas le match. Par contre, dès que je le faisais rentrer, il me disait : “Ah ! ça y est ! Le match va commencer !” »

Par ailleurs et même si les relations Nouzaret-Gili ne sont pas au beau fixe, il constatera que les jeunes grandissent bien. Une nouvelle génération : les Bonnissel, Carotti, Serge Blanc, Rizzetto, Lefèvre, Sanchez… « Je me souviens, raconte Gili, Louis avait de gros soucis financiers et était allé à la mairie où il s'était porté caution. Il m'a dit : “Tu m'as sauvé avec toute cette génération ; rien qu'avec deux ou trois joueurs, je vais m'en sortir !” »

Et c'est avec ces joueurs qu'en juin Montpellier retrouvera la finale de la Coupe de France ! On sait combien Loulou apprécie cette épreuve qui le rend plus que superstitieux. Gili au parloir : « On sortait d'un repas au mas Saint-Gabriel encore en rénovation. Il était en train de me dire qu'on ne gagnerait jamais le championnat mais que la Coupe, ça le faisait bander. On est alors passés devant la statue de Saint-Gabriel. Je lui ai dit : "Louis, si on va au Parc, on l'y emmène !" On a topé là. Si tu nous avais vus ! À chaque tour, on chuchotait à la statue : "Tu vas voir Paris !" C'était des moments fabuleux. »

La statue Saint-Gabriel du nouveau mas où il n'avait pas encore emménagé sera certes déboulonnée. Mais, dixit Loulou : « On a mal garé le camion. Saint-Gabriel tournait le dos au Parc, c'est pour ça qu'on n'a pas gagné. »

La fête d'après match, perdu 3-0 contre l'AJ Auxerre, va se dérouler une ultime fois dans la grande maison de Castelnau puisqu'il a acheté le mas Saint-Gabriel en 1990. On pourrait la nommer « fête de la gratitude », et ça, quand ça marche dans les deux sens, ça bouleverse Loulou, qui avait quand même sangloté dans les bras de son fils Laurent à l'issue de la finale. L'attaquant Fabrice Divert entame un karaoké sur l'air de « Je suis venu te dire que je m'en vais » de Serge Gainsbourg.

« Nous sommes venus te dire que nous t'aimons
Et te dire qu'un jour, nous la rapporterons
Comme dit si bien Dame Coupe, nous reviendrons

Tu suffoques, tu blêmis, tu vis le match à fond [...]
Parce que Loulou toujours, nous t'aimerons. »

Il pleure, Louis, et explique : « Je peux te dire qu'ils m'ont choyé, moi et ma femme. Nous avons reçu de leur part quelque chose que peu de présidents ont reçu (une gourmette au président de la part des épouses des joueurs, une bague à Colette de la part de ceux-ci). J'ai ressenti plus de joie que lorsque nous avons gagné la Coupe il y a quatre ans ; je savais que c'étaient des garçons bien mais là, j'en suis encore tout bouleversé. » Nouzaret sûrement aussi, quand il sera viré quelques jours plus tard avant de revenir dans quelques mois en compagnie de... Michel Mézy !

« J'ai besoin de toi, tu as trois secondes pour te décider »

Retour, oui, courant 1994, des vieux copains, des « vieilles canailles », histoire de sauver ce qui pouvait encore l'être en championnat après un départ désastreux fatal à Gérard Gili qui avait « pris acte de [s]a décision sans chercher d'inutiles paroles. La classe, quoi, ce type ! » Loulou dixit. « J'étais arrivé en dix secondes, je suis reparti en dix secondes, commente

Gili. Ce jour-là, je l'ai vraiment vu peiné ; il me virait à contrecœur, je l'ai ressenti comme ça. »

Mézy, Nîmois l'espace de quatre ans, de retour comme... entraîneur, revêtira illico le survêtement qu'il portait lors de la finale de Coupe de France 1990 pour dire ceci : « Avec Nicollin, on ne s'est plus parlé pendant un an. Mais quand nous nous sommes recontactés, c'était fini. Les bons souvenirs sont revenus et ils ont pris le pas sur les mauvais. » Entre vieux copains, pas de rancune. Et Louis sait y faire quand il s'agit de les ramener au bercail tels les noirs taureaux dont il s'est entiché depuis plusieurs années : « J'ai besoin de toi, tu as trois secondes pour te décider. » Il confesse : « Avec Michel, j'ai bandé pour le football. Je ne sais pas si c'est un choix judicieux mais ça vaut le coup d'essayer. Pour vivre une passion, il ne faut pas s'emmerder. »

De son, côté Mézy reconnaît volontiers : « Nicollin, c'est la vision. Je partageais ses idées. J'ai toujours vu un club avec des anciens à sa tête. Transmission. Il avait cet esprit-là. On a passé ensemble des grands moments de détresse et des grands moments de joie. Il a toujours été présent pour moi. Même fâchés. »

Alors, va pour un énième retour. Connaissant parfaitement le mode d'emploi de son patron et ami, Mézy parviendra à maintenir le club en D1. Les automatismes sont revenus très vite, et avec eux, les rires complices : « Un jour, on mangeait chez des amis, un camion de poubelles était bloqué, n'avançait plus ; il m'a fait descendre avec lui ; il a pris le volant – "Vous ne passez pas ? je vais vous montrer" – et a fait passer le camion. »

Mais c'est aussi avec lui que Nicollin va connaître un moment désagréable qui a toute sa place dans une biographie de notre président préféré. On ne sait pas si Louis s'est senti humilié après coup mais dans le genre boomerang dans le pif, la demi-finale de Coupe de France contre Nîmes se pose un peu là ! On connaît la passion de Louis pour la Coupe et son inimitié pour la grande ville gardoise. Montpellier s'était habilement renforcé, en respectant ses finances, avec le gardien international Bruno Martini pour garder ses cages, Baills, un ancien du centre de formation – qui plus tard sera l'adjoint de bien des entraîneurs pailladins – de retour de Strasbourg, et l'attaquant ivoirien Ibrahima Bakayoko. Les Crocodiles végétaient alors en D3, ce qui faisait railler leur plus fidèle ennemi la veille du match : « Je n'aime pas le Nîmes Olympique mais je n'ai rien contre les Nîmois. C'est un peu comme les Lyonnais et les Stéphanois. Bref, entre les deux clubs, il n'existe pas de sympathie. Ne soyons pas hypocrites : le fait que Nîmes soit en troisième division me va très bien. » Et d'ajouter, le malheureux : « Je n'envisage pas un autre recours que d'aller au Parc des Princes. Sinon, mes joueurs feront les quarante kilomètres qui séparent Montpellier de Nîmes à pied, encadrés par mes chevaux ! » À 19 h 50, en ce 13 avril 1996, Louis reste abattu sur son banc. 1-0 pour Nîmes. À sa rentrée aux vestiaires, il salue bravache les supporters gardois présents aux Costières (22 000 spectateurs !) qui hurlent : « Nicollin à cheval, Nicollin à cheval ! » Mais Aimé Landes, son homologue, se souvient malgré tout du fair-play (apparent ?) de Loulou : « Il m'a félicité en me disant : "Tu as de la chance d'être en finale. Moi, j'ai attendu vingt ans..." » Cette gifle inattendue et hautement médiatique (la faute à qui ?), avec un Nîmes dans l'ex-rôle de La Paillade des temps jadis, occultera presque la bonne saison des hommes de Mézy qui obtiendront un billet pour la Coupe d'Europe version C3. Et Nîmes sera du coup le premier finaliste de l'histoire à évoluer en National (D3) et se qualifier en C2 ! Sûr que Loulou aurait adoré que sa Paillade en fasse autant, à l'époque... En attendant, du côté de Nîmes, on n'avait pas fini d'entonner cette chanson de Ricoune, incontournable animateur des ferias et autre fêtes votives de la région : « Nicollin, fais-nous la bandido », Loulou, sachant mieux que personne que

« la bandido », c'est le retour des taureaux des arènes aux pâturages. Comme ses joueurs, la queue basse…

« Ça me fait un bien fou de voir des gens travailler la terre »

Et comme si ce navrant épisode ne suffisait pas, deux semaines plus tard, Louis va encore avoir de quoi fulminer plus ou moins intérieurement. Trente-sixième journée de championnat. Montpellier se déplace à Lens pour une place européenne convoitée par les deux clubs. Montpellier ouvre la marque par Sanchez mais Lens l'emporte 2-1. Dans les vestiaires, c'est la désolation, et Loulou rumine méchamment quand quelqu'un frappe à la porte. Michel Mézy va ouvrir. C'est le maire de Lens, André Delelis, qui demande à voir le président montpelliérain. Mézy glisse sa présence à l'oreille de Loulou. « Qu'il aille se faire… (verbe grossier du premier groupe très prisé dans le football) » Mézy revient penaud vers l'édile lensois et lui bredouille quelque excuse improvisée. « Dites-lui que je ne veux pas lui parler du match ! » Dans ces conditions, l'échange aura lieu. Delelis expliquera que pour *x* raisons, il a annulé un appel d'offres pour la collecte des ordures lensoises et qu'il veut que le groupe Nicollin participe à la nouvelle donne. « Lundi, dans mon bureau ! » Moyennant quoi, l'entreprise Nicollin est toujours présente dans les rues de la cité minière près de trente ans plus tard. Où l'on voit, une fois de plus, que le football fut une passerelle de tout premier ordre pour le groupe Nicollin, et Louis pouvait ainsi se consoler. Un peu.

Mais, cette année-là, Louis a de quoi digérer ces cruels déboires car le football et les poubelles ne sont plus ses seules obsessions. Il y a ce musée qui le turlupine, tellement la collectionnite l'a pris, surtout depuis le Mondial 1986 ; il y a aussi les taureaux et les chevaux, auxquels les supporters nîmois ont fait allusion. Le mas Saint-Gabriel lui permettra d'assouvir ses deux passions. Il est situé sur la commune de Marsillargues, près du Vidourle, en pleine Petite Camargue, le fief de son épouse Colette, et il a pu se l'offrir grâce à l'entrée de Suez, via sa filiale Sita, dans son capital à hauteur de 36 %. « J'avais un oncle radin, raconte Loulou, qui ne voulait pas investir dans de nouveaux camions, plus modernes. Il nous a fallu trouver les sous. On a vendu des parts à Sita. Avec l'argent, on a acheté les camions, j'ai donné des sous au foot et j'ai acheté le mas Saint-Gabriel, à Marsillargues. » Le groupe rachètera les 36 % en 2013. « Si mes deux fils n'avaient pas voulu s'engager dans le groupe et assurer la succession, c'est sûr que j'aurais vendu le groupe. Par contre, pas La Paillade. »

C'est aussi grâce à son vieil ami Jacques Bonnier qu'il a fait cette décisive acquisition. Bonnier est un ancien *rejoneador* (un torero à cheval, pour faire simple), éleveur de chevaux et de taureaux, qui nous raconte la genèse d'une obsession qui n'allait pas de soi pour un Saint-Foniard : « Louis avait obtenu le marché de Montpellier, c'était en 1967 et il venait de voir le film *Crin Blanc* au cinéma, l'histoire d'un cheval sauvage au caractère fort, qui ne se laissait pas facilement dompter. Ça lui a tellement plu qu'il en a acheté un aussitôt ! Mais ce cheval s'est échappé sur la commune de Lattes et il ne savait pas comment faire pour l'attraper. Une de nos connaissances communes l'a mis en rapport avec moi ; il est venu me voir à Palavas, m'a expliqué qu'il lui courait après, et j'ai pu attraper le cheval. Le lendemain, j'avais une caisse de champagne devant ma porte ! Depuis, on ne s'est plus quittés de vue ! C'est moi qui lui avais suggéré et organisé son premier élevage de taureaux et de chevaux à Saint-Romain-en-Gal, près de Lyon où l'entreprise Nicollin s'était aussi installée. Ça le changeait des déchets. Puis je me suis occupé de racheter Saint-Gabriel avec lui. Et il a pu y rapatrier tous ses élevages de chevaux et de taureaux. »

Et en 1997, Nicollin rachètera la manade Jean Lafont et sa tour d'Anglas situées au Ceylar. Et sa célèbre boîte de nuit la *Churascaïa*. Comme quoi, un film peut vous marquer à vie. Louis est décidément un grand sentimental qui ne le montre pas. « La sérénité m'est venue le jour où je suis devenu propriétaire terrien. Ça me fait un bien fou de voir des gens travailler la terre. Ils ont une vie difficile et ne revendiquent presque jamais rien. » Trois cent cinquante hectares, des bêtes, les siennes et celles de Lafont en pagaille, une centaine d'oliviers importés du Portugal et une manade qu'il saura à son tour faire triompher dans toutes les arènes et à tous les concours auxquels son prédécesseur se présentait. « Ses taureaux, il m'en parle plus que du foot, témoignait Mézy. Il m'a emmené voir un des siens courir à une course camarguaise. Le temps de perdre oui ou non ses cocardes et j'ai bien cru que Loulou allait exploser ; il était nerveux, pire qu'à un match de foot ! » De fait, Louis connaît les noms de chacun de ses taureaux et de ses chevaux camarguais. Son amour débordant ne concerne pas que les gens qu'il apprécie. Les animaux aussi ; une petite ferme emplie de canards et d'oiseaux exotiques viendra compléter cet idyllique tableau qui repose tant le président.

De gigantesques travaux transformeront les vieux bâtiments agricoles en grandes pièces à vivre, inclus, bien sûr, le fameux musée. « En 1986 au Mexique, ça m'a pris de collectionner les maillots. J'ai commencé à casser les couilles à Tigana, Platini et compagnie. Lorsque je suis devenu délégué de la Ligue pour l'équipe de France, ça s'est industrialisé. Je n'avais plus besoin de demander. Les joueurs m'en donnaient, et ensuite, c'est toujours Henri Émile [intendant de l'équipe de France] qui m'en mettait un de côté. » Louis nous a aussi raconté plus tard que le déclic définitif était survenu après la victoire de son club en Coupe de France, en juin 1990, après que son défenseur Franck Lucchesi lui eut offert son maillot, blanc à parements bleus avec « RTL » floqué dessus : « Il me l'a donné après le match, je lui ai dit que s'il avait gardé tous ses maillots au lieu de les donner, il aurait une chouette collection. Tout est parti de là. »

Et on ne peut rien refuser à cet amour fou de l'histoire du sport. À sa rage d'immortaliser ceux qui ont, et ce qui a, rendu sa vie heureuse. « Quand j'ai le bourdon, j'y passe une heure ou deux. J'oublie tout le reste ; c'est ma façon de faire le vide. C'est ma passion.

Le club, mes fils et mes petits-fils feront ce qu'ils ont à faire avec. Mais mon musée, c'est ce qui me tient le plus à cœur. Je ne voudrais pas qu'il disparaisse parce qu'il y a vraiment des choses exceptionnelles. »

On ne va pas en refaire ici l'inventaire. Si les armoires à glissières dans lesquelles sont rangés les maillots pouvaient parler, elles nous diraient comment, avec son sens de l'amitié en fer de lance et celui, aussi aiguisé, de la persuasion, Louis a pu se procurer celui de Pelé grâce à Platini – « celui de l'équipe nationale du Brésil dans les années soixante. Je l'avais eu par un copain chilien qui avait joué contre lui ; il me l'avait donné pour me faire plaisir. Je l'ai donné à Loulou, mais comme il n'est plus là, j'aimerais bien le récupérer pour mon petit-fils mais je ne sais pas comment faire. Je vais faire un casse au musée » –, de Yachine, de Platini, de Roger Milla, de « JPP », des Verts de la grande époque, de « Zizou », de Di Nallo bien sûr, sans parler des équipements des basketteurs (dont le numéro 15 de Michael Jordan), des cyclistes (dont le tricot de Charly Gaul), des boxeurs, des coureurs à pied, des vélos, des journaux (collections complètes de *Miroir Sprint* et *Le Sport,* ou presque concernant *France Football*), des soldats de plomb ; aujourd'hui plus de dix mille pièces – record d'Europe, sûrement, la moitié d'entre elles dédiées au football – dont s'occupe Christian Pelatan, ancien DJ de la *Churascaïa*, la grande boîte à l'époque de Vauvert, qui drainait le Tout-Montpellier et que Louis avait donc rachetée à Jean Lafont en même temps que sa manade.

Comme toujours, et avec son sens aigu de l'amitié, Louis avait proposé un job genre intendance à Pelatan car ce dernier avait avec lui organisé avec succès une bodega à Béziers plusieurs nuits d'affilée sur la place centrale de la ville. D'où, immédiatement, la proposition. Acceptée. « C'est moi qui, en voyant ses tiroirs pleins de maillots, lui ai suggéré de les mettre dans une pièce », dit-il avec une pointe de fierté.

Aujourd'hui, Pelatan entretient toujours, avec Mirjiana, une flamme qui devrait permettre de rapatrier à terme une partie du trésor dans le futur stade Louis-Nicollin, s'il voit le jour... un (beau) jour. Mais on allait oublier le grand bureau de Louis et ses grandes vitrines emplies de soldats de plomb, avec une préférence pour la période napoléonienne, ses figurines de Tintin (que récupérera Laurent plus tard), ses modèles réduits Dinky et Corgi Toys que lui offrait jadis sa mémé. Louis est gourmand de son enfance. Il en a tout gardé. Et comme le dit Gilbert Varlot : « Louis collectionne les collections. »

En fait, tout ce qu'a aimé Louis dans sa jeunesse et dans toute sa vie devait être comme sacralisé. « Quel bonheur pour lui ce fut de faire venir Jean Forestier, l'idole de sa jeunesse ! se remémore Pelatan. Je crois qu'il lui avait affrété son avion pour qu'ils puissent venir, lui et sa femme... » Et, précision importante, sa collection n'est faite que de maillots qui ont été portés. Comme si l'objet-souvenir perpétuait le bonheur qu'il a pu ressentir à l'époque, en regardant Eddy Merckx triompher, Di Nallo marquer, Platini régaler ou en dévorant *Tintin, On a marché sur la Lune*. Question de transmission, aussi. Ses souvenirs habilleront ses successeurs. Il en va de même à La Paillade où les anciens sont souvent de retour pour perpétuer l'esprit maison, fin de la parenthèse.

« Je ne me lasse pas de La Paillade. L'amour est toujours là »

La saison suivante (1996-1997) sera mouvementée car « fort » d'un mauvais départ en championnat, Mézy sera à deux doigts de se faire congédier, une fois de plus, par son meilleur ami. Gag. Contre le Sporting Lisbonne en Coupe d'Europe et sur les conseils de Guy

Roux, Nicollin a fait appel à un sorcier répondant au doux nom de « Monsieur Lajoie » qui convainc toute l'équipe de porter à l'extérieur un maillot… jaune, une couleur inconnue au club ! Cette hallucinante anecdote nous est livrée ici dans toute sa splendeur et tout son détail par Jean-Louis Gasset, alors adjoint, donc, de Michel Mézy. Accrochez-vous. C'est long mais c'est bon.

« Nous sommes au vert à Clapiers et pas bien classés en championnat. Louis nous convoque, Michel et moi : "Voilà, je vous présente l'homme qui va tout redresser. Et je vais vous dire comment ça va se passer demain contre Le Havre." On se demandait ce que l'homme allait dire ou faire. Il nous a alors expliqué qu'il existait des ondes négatives et positives, a fait déployer un poster et a promené une sorte de pendule au-dessus. Il faisait "mmmh, mhhhh" selon les joueurs figurant sur l'affiche. Il nous dit : "Demain, ça va être très dur mais c'est lui qui vous fera gagner", en désignant Ibrahima Bakayoko, jeune joueur de vingt ans qui venait juste de rentrer dans le groupe pro et que Mama Ouattara avait fait venir. Michel lui demande alors s'il y a des joueurs qui n'ont pas de bonnes ondes et Monsieur Lajoie lui en montre ! Le lendemain, Louis Nicollin voit le président du Havre, Jean-Pierre Hureau, avant la rencontre et lui dit : "Tu as perdu !" Le match est laborieux. Il y a 1-1.

Michel avait aligné Bakayoko qui avait marqué. Et celui-ci remet ça à la 87e, et on gagne 2-1. Louis a alors commencé à faire signer un contrat à Monsieur Lajoie, on aurait pu alors lui faire ratifier ce qu'on voulait ! Dix jours plus tard, on joue à Lisbonne. Nous n'étions pas avec les dirigeants, mais au repas quelqu'un lui a demandé comment il pouvait ressentir les ondes positives et négatives dont il parlait. Il a répondu qu'il y avait des couleurs qui attiraient ou repoussaient, et que ce qui attire le bonheur, c'est le jaune. Et que le gris attire le malheur. Mon père lui montre alors la cravate grise que je lui avais offerte. Il lui demande : "Ça, ça va nous faire perdre demain ?" Monsieur Lajoie lui roule alors des yeux façon Dominique Webb et demande qu'on lui porte une paire de ciseaux. Le coup de la cravate, ça m'est resté ! Et il a alors intimé l'ordre que quelqu'un soit en jaune, le lendemain, sur le terrain. Personne ne portait cette couleur. Gilbert Varlot était venu avec son épouse à qui on a acheté une sorte d'habit jaune de pêcheur ! On l'a installée derrière les barres… »

Au tour de Pascal Baills de prendre le relais. Il rigole : « On ne comprenait rien. Dans le bus, certaines personnes du club portaient une cravate ou un foulard jaune. Et puis, dans le vestiaire, quand le magasinier a ouvert la malle : que des maillots jaunes ! On a fait le rapprochement… » Et le mage de semer, auguste, de la poudre de perlimpinpin au-dessus des deux surfaces de réparation après avoir donc persuadé tous les dirigeants montpelliérains de porter une fleur jaune à leur boutonnière ! Peut-être envoûté, qui sait, Michaël Ciani commettra l'irréparable dans ses propres seize mètres. La superstition nicollinesque n'aura pas empêché son club de se faire éliminer… « Monsieur Lajoie a dit après que Michel n'avait pas pris les bons joueurs ! Ça a clashé ! » conclut Gasset le Jeune.

On peut dès lors s'arrêter sur cette drôle de facette du président comme nous l'avons fait précédemment avec son côté sans filtre. Louis Nicollin était-il superstitieux voire, un peu ou beaucoup, mystique ? On se souvient de ses séjours dans des églises environnantes, incapable de supporter le suspense des matches de sa débutante Paillade. Y priait-il ? Il y a eu aussi le déménagement de la statue Saint-Gabriel jusqu'au Parc des Princes. Sans parler du poulet à la tête coupée façon vaudou… Les années passées jadis à l'Institut Saint-Joseph auraient-elles laissé plus de traces en lui qu'il ne voulait bien l'admettre ou le dire ? Toujours est-il qu'il avait un ami curé depuis une dizaine d'années dont il ne parlait quasiment jamais. Ainsi avait-il connu l'abbé Étienne Pillot à Royan, l'une des villes où il avait appris son futur métier en 1965. Leur rencontre une vingtaine d'années plus tard (notre datation au carbone 14 n'est pas toujours parfaitement exacte) a débouché sur un coup de foudre. Pour Loulou, « ç'a fait tilt immédiatement ». Pour l'abbé, « Loulou est fait tout d'un bloc. C'est une personnalité entière. On ne peut pas se tromper. Ça convient ou ça ne convient pas mais on est fixé dès le début ». Et ç'a convenu. Une réelle amitié est née entre les deux hommes. Le curé arpentera souvent les couloirs de la Mosson, sous les regards amusés mais pas si surpris que cela des joueurs, et la belle tomette du mas Saint-Gabriel. Chaque année, les premiers week-ends d'octobre, c'est la fête au mas ; celle des ouvriers de l'entreprise, des familles et du personnel, celle des manades, celle de la Saint-Gabriel (le 29 septembre). Le samedi, une messe est célébrée en plein air par l'abbé Pillot. S'ensuit une procession suivie par qui veut jusqu'à la statue du Sacré-Cœur de Jésus sous la bénédiction (une vraie) de l'abbé. « Louis est un croyant, dit l'abbé. À sa manière. Sous l'apparence du bon gros, c'est un gars plein de finesse et il a une ouverture à la spiritualité. Il n'est pas indifférent à cette dimension de l'homme, au questionnement sur le sens de la vie. Les rares fois où nous avons abordé le sujet sérieusement, j'ai senti plein de respect pour les questions religieuses. Il sait écouter, accueillir. Il est généreux, fait montre d'un vrai plaisir de vivre. En cela, nous nous rejoignons. » Et Loulou de demander parfois à celui qui chaque année bénit son mas de dire une prière...

L'abbé a parlé du « questionnement sur le sens de la vie ». De la superstition à la mort, le fossé peut s'avérer minime. Louis avait-il peur de la mort, lui qui, comme pour la musique, n'en parlait jamais ? Son fils Laurent, répond par la négative. « Il n'avait pas peur de la mort ; en revanche, il avait peur de la maladie, peur de se retrouver intubé, sans bouger ; c'était sa hantise. » Il aura un avant-goût, si l'on veut bien nous pardonner cette expression, de l'hospitalisation après sa première alerte cardiaque en 2001, on y reviendra. Il détestera.

Il n'avait pas non plus montré d'angoisse particulière lors des premiers voyages du staff de Montpellier en avion, aux temps héroïques de La Paillade. Il aurait pu ! On ne parle pas ici de vieux Spitfire mais de Beechcraft de tourisme. Gilbert Varlot ou Pierre-Marie Grappin en ont encore le poil qui se hérisse, leur rire d'aujourd'hui se faisant presque jaune... Varlot : « Avant qu'on en achète un, un gars nous louait un petit avion à l'aérodrome de Candillargues [dix-huit kilomètres à l'est de Montpellier, le long de l'étang de Mauguio], dont on se servait parfois pour l'entreprise et pour le club.

Combien de fois, le pilote n'a pu sortir le train d'atterrissage ! Si on n'y arrivait pas électriquement, il fallait le faire manuellement, faire des tours de manivelle, comme pour une vieille voiture : une fois, c'est Louis qui s'en est chargé et je ne sais plus combien de tours il a dû effectuer ! » Grappin se souvient quant à lui d'un Nicollin « tapant avec sa chaussure pour décrocher le train d'atterrissage. Et puis parfois, des blocs de glace se formaient sur les ailes de l'avion, le rendant difficile à manier mais notre pilote était un as ». Louis en riait et, s'il avait tremblé, s'était bien gardé de le montrer, fin de la parenthèse « mort et superstition ».

Les deux places de demi-finaliste en Coupe de la Ligue et Coupe de France (Montpellier éliminé par Guingamp et par Bordeaux) en 1997 feront dire à Loulou, pas bégueule bien que le Parc se soit une fois de plus refusé à lui : « Si avec notre lanterne à la main, on m'avait dit que je me sauverais et que j'irais en demi-finales de la Coupe, j'aurais explosé de rire. Donc, là, 'y a pas de mal, croyez-moi ! » Ou plus trivialement dit : « Je ne vais pas me poignarder avec une saucisse sous prétexte que l'on a perdu. » Toujours ce sens des formules… L'abbé Pillot ne les cautionnerait pas mais, peut-être grâce à ses prières et après des semaines compliquées, Michel Mézy sut redresser la barre et redonner la banane à son président chéri, ce qui est le principal.

Mais on sait depuis belle lurette que du rire aux larmes, il n'y avait souvent qu'un petit rictus de différence entre vieux amis. Pendant que le club végète dans le ventre mou du championnat la saison suivante, pendant que le stade de la Mosson revêt progressivement ses chatoyants habits de Coupe du monde, Robert Nouzaret est (re)parti, et Louis n'aime pas cela. Sans son organisateur de club préféré, il se sent quelque peu démuni, et ça ne rate pas, voilà qu'il demande à Mézy d'enfiler une nouvelle fois le costume de manager général… Et, à l'orée de la saison 1998-1999, pour le poste d'entraîneur numéro un, il va penser, une fois de plus à « la famille », en la personne cette fois de Jean-Louis Gasset, qui fut joueur de La Paillade de 1975 à 1985 avant de devenir formateur. C'est peu dire que des sentiments sont en jeu car si Jean-Louis devient l'entraîneur numéro un du club, c'est son président qui jadis lui mit le pied à l'étrier. Souvenirs : « Je jouais au SOM dans une équipe de jeunes et j'allais faire l'armée ; les fils uniques étaient désavantagés à l'époque et faisaient leur service en Allemagne, et je fréquentais ; j'étais fou amoureux. Je faisais mes classes à Briançon dans les chasseurs alpins quand j'ai vu arriver les deux couples dans la DS, ma mère et mon père, Louis et Colette. Ils ne m'ont pas reconnu tellement j'avais la boule à zéro ; on est allés au resto, ils ont ramené "le minet" à la caserne, c'est comme ça qu'ils m'appelaient. Plus tard, mon père m'a dit : "Louis a une équipe corpo, tu as un an à faire. S'il peut te donner un coup de main, ça t'irait ?" Moi, pour rester à Montpellier, j'aurais fait n'importe quoi. J'ai donc signé en corpo dans l'équipe de Louis qui a débrouillé l'affaire et j'ai pu rester ainsi à Montpellier. Mais à une condition : que je travaille. Louis m'a dit : "T'inquiète pas, pas d'emploi fictif chez nous, je vais t'apprendre la vie." Au début, avec Jean-Marc Valadier, il nous mettait dans une espèce de chaufferie où on s'occupait des balais des engins qui nettoyaient les trottoirs la nuit. Au bout d'un moment, on n'en pouvait plus et on a ramassé les poubelles dans des secteurs tranquilles, nous levant pendant un an à 4 heures du matin. »

On comprend mieux, au gré de ces tendres évocations, ce qui peut relier Louis Nicollin à ceux qu'il aime et ceux qui l'aiment. Le sérail. Les Di Nallo, Nouzaret, Mézy, Gasset père et fils. C'est merveilleux, inoubliable, et à l'heure des comptes, en l'occurrence les cinquante ans de La Paillade, il ne demeure que cela : de l'amour, de la fraternité, de l'amitié, de l'empathie. Louis ne fonctionnait que comme ça. Rendre service. Donner. Mais sur le moment, des larmes ont pu couler et pas toujours de bonheur, on va le voir.

Jean-Louis était passé formateur au club après avoir stoppé sa carrière de joueur. Il s'était retrouvé bombardé adjoint de Mézy quand Jacques Bonnet avait été gravement malade puis avait passé le reste de ses années à la formation en même temps que Mama Ouattara. Même Di Nallo les avait un temps rejoints. Du coup, quand Gérard Gili avait succédé à Kasperczak en 1992-1993, il avait demandé à Gasset de devenir son adjoint car il connaissait bien tous les jeunes joueurs, les Bonnissel, Serge Blanc, Alicarte... Et même si le taiseux Gili agaçait Loulou avec une distanciation rendue nécessaire par ses tumultueuses années marseillaises période Tapie, le duo s'était bien entendu et était parvenu, on l'a vu, en finale de Coupe de France 1994, sèchement battu par l'Auxerre de Guy Roux (3-0), mais après avoir éliminé pourtant en quarts au Vélodrome le grand OM des Boli, Deschamps et autres Völler et Anderson (0-0, 3-4 t.a.b.) puis le RC Lens en demies (0-2). Mézy avait donc repris la main au cours de la saison suivante à la demande d'un grand patron qui pensait aussi à sa propre succession.

Aussi, avec le fils de son meilleur ami à la barre, Louis peut-il connaître quelque moment, hélas trop court, de relative sérénité et s'épancher dans *France Football*, dont la publication hebdomadaire autorisait les longs entretiens et donc les confidences. Il répondait souvent avec calme, revenant volontiers sur ses erreurs passées ou traçant les grands objectifs qu'il avait dans sa tête. Il se confiait alors avec un rire empreint d'une gravité qu'on ne lui (re)connaissait pas toujours. Le temps s'arrêtait. Du bon temps. Il avait vendu Laurent Blanc à Naples en 1997 pour 11 millions de francs et en riait encore : « On avait emmené le président Ferlaino acheter des cravates. Il avait bien essayé de mettre du brut au lieu du net dans le contrat mais il était charmant et tout s'est bien terminé. » D'autant que Louis avait réussi à lui soutirer un maillot de Maradona. Tant qu'à faire, tant qu'à vendre…

Et puis, la Coupe du monde avait eu lieu, le stade était passé à 35 000 places avec ses trois vilaines tribunes empilées Gévaudan, Cévennes et Aigoual (15 000 spectateurs) qui jamais ne seront couvertes, des matches s'étaient déroulés dans sa Mosson devenue mondialiste grâce à Georges Frêche. Aussi Louis pouvait-il avouer de nouveau dans la « bible du football » son amour intact pour le ballon rond malgré les années qui s'écoulent et la tentation de passer la main à son fils Laurent : « Ah ! mais je ne suis pas du tout las ! Je suis toujours enragé du foot et de mon club. Je connais tous les résultats de toutes les équipes amateures et de toutes les équipes de jeunes. Je bande toujours pour la D3 ; et vingt-quatre heures avant un match de Montpellier, je sens déjà le stress monter. Exactement comme aux premiers jours. Je ne me lasse pas de La Paillade. L'amour est toujours là. » L'appellation Paillade, aussi, on l'aura remarqué. Louis reconnaît volontiers qu'il lui est difficile de concilier famille du foot et business. « Le problème, c'est que pour gérer un club comme une entreprise, il faut faire fi des sentiments. On ne recrute pas une secrétaire parce que c'est la cousine d'un ancien joueur mais parce qu'elle est compétente. Je sais qu'il faudra que je me fasse à plus de rigueur. Avant de recruter un joueur âgé et de le payer cher, j'hésiterai. Même si ce joueur me plaît énormément. Je consulterai les techniciens plutôt deux fois qu'une et je n'essayerai pas de faire le grand kakou comme autrefois. »

Juré, craché, Louis ? Difficile, même s'il admire la façon de faire de Jean-Michel Aulas à Lyon : « J'aimerais être à l'avenir plus sage, plus clairvoyant.

J'ai du mal à accepter cette évidence car Aulas est plus discret, plus sec, en apparence moins passionné. Mais je crois que c'est le meilleur de France. Il voit juste. Et si je devais me prononcer sur le club de l'an 2000, je voterais pour Lyon. Aulas est le genre de président à qui j'aimerais ressembler à l'avenir. Ça vous étonne, hein ? » Pas tant que cela... Mais Louis se connaît bien. Mézy et Nouzaret sont probablement encore appelés à partir/revenir...

Ceci dit, comme toujours, il a le flair pour savoir tout de suite ce que ses interlocuteurs ou ses collègues ont dans le ventre. Concernant Aulas, il ne se trompe pas. Avec lui, l'OL sera champion de 2001 à 2008 soit sept fois d'affilée. Mais deux mois plus tard, Loulou traitait ses joueurs de « gonzesses » et de « petits cons ». Commentaire de l'insultant : « Un grand journaliste m'a dit un jour : "Nicollin, ne parle jamais à chaud !" Il avait raison. Je m'étais calmé pendant quatre ou cinq ans et là, je suis reparti comme un gros con. J'espère que ça me servira de leçon. » Mmmmh... Et si personne n'avait envie que ça te serve de leçon ? Et si on t'aimait justement pour cette folle spontanéité absolument unique dans un paysage de plus en plus aseptisé et qui jamais ne se dément ?

8

SPORTS ET FISTONS

Le trio Nicollin-Mézy-Gasset, c'est, pas de doute, un ensemble de bons potes qui s'y connaissent. Cet esprit de famille si cher au cœur de Loulou qui insuffle le quotidien. Les choses s'embarquent plutôt bien en cette saison 1998-1999 malgré une rocambolesque défaite à Marseille 5-4 alors que le club menait 4-0 à la mi-temps ! Une saison somme toute satisfaisante – souvenez-vous du « je ne suis pas du tout las » encore tout frais – suivie d'une victoire en Coupe Intertoto ne présageait en rien de treize défaites d'affilée en championnat et d'une descente en D2 treize ans après ! Loulou avait placé Jean-Louis Gasset comme entraîneur numéro un la saison précédente ? Il le débarquera après dix-sept matches du championnat 1999-2000, ce qui provoquera un véritable drame humain compte tenu de sa vieille amitié pour les Gasset père et fils. « Ce fut un moment très dur. Ce que je n'ai pas apprécié, raconte aujourd'hui Jean-Louis, c'est qu'il ait refusé ma démission quinze jours avant pour m'écarter ensuite. S'il l'avait acceptée, je redevenais formateur au club ou autre, pas de souci. Faute de quoi, mon père prit position pour moi et ce fut très douloureux tellement il y avait de l'émotion. Alors, j'ai trouvé une solution pour leur permettre de se rabibocher : faire ma vie ailleurs. » Il la fera à Caen puis au PSG, deviendra le numéro deux de Luis Fernandez puis de Laurent Blanc qu'il connaissait si bien, à Bordeaux, en équipe de France, au PSG : quelles réponses ! « De toute façon, reprend Gasset, c'était spécial. Au départ, Louis savait que j'étais prédestiné à devenir entraîneur et il s'est dit "pourquoi pas ?" Mais il savait, et moi aussi, que s'il y avait clash, ça allait être dur… » De ce côté-là, nulle déception…

Et une fois Jean-Louis parti le cœur gros, Loulou aura beau, comme d'habitude, repositionner le pompier Mézy comme entraîneur, rien, cette fois, n'y fera, Montpellier descendra en D2 malgré le coup de folie du recrutement qui avait amené Louis à faire venir quatre ex-Nantais non des moindres, champions de France 1995 : Pedros, Ouédec, Decroix et Loko…

Ce déchirement « de famille » lui aura été, semble-t-il, plus douloureux que la relégation, si l'on veut bien croire ce qui suit même si Louis répugne toujours à dévoiler ce qu'il a au fond de son cœur, question de pudeur : « Voilà un bout de temps que c'est la fin d'une époque dans le football moderne. Laissez-moi rire ! Je me sens parfaitement à l'aise et je n'ai pas le sentiment que cette descente soit une remise en cause personnelle. Le Seigneur nous a rappelés en deuxième division. Acceptons son verdict sans que cela serve de prétexte à affirmer que La Paillade n'a plus sa place au plus haut niveau [...] Heureusement que j'ai eu à m'occuper de mes affaires car sinon, je pèserais deux cents kilos à force de bouffer pour combattre le stress. » Pourtant, dans le registre alimentaire, Louis aura fait des efforts, témoin ce rire de Michel Mézy : « Une fois, on va à Merano, en Italie, à la cure. C'est le repas. On nous sert, en nœud papillon, une cloche. On la soulève ; il y avait dessous un radis et une tomate ! Il me dit : "On s'en va, Michel !" Je lui dis : "Non non, on reste !" Je l'entendais crier durant les massages quand on se faisait rentrer dedans ; les bains étaient interdits ! On fait la cure une semaine. On en sort, on prend une voiture pour aller à l'aéroport, on passe dans un village, il voit une enseigne avec des paninis.

Il a crié : “Arrêtez-moi !” Il est descendu et raaaouf ! il en a mangé deux d’affilée ! »

Les visites régulières et pagnolesques de Loulou auront cependant une conséquence directe sur le club. Là-bas, à Merano, sévissait en tant que nutritionniste un ancien rugbyman de Lannemezan, Tarbes et Fleurance dont l’un des maires avait été « le pape des plantes », Maurice Mességué. Ce dernier avait enseigné son savoir à Marc Couget qui ira dans un premier temps « tisanner » et « cataplasmer » le centre détox de Bordi, en Italie, avant de rallier le palace Merano dans le Sud-Tyrol italien et sa médecine chinoise appréciée des curistes de renoms tels Zidane, Beckham, Blanc, Deschamps et consorts. Un jour, Couget avait entendu des patients se plaindre : « Qui sont ces deux Français ? On n’entend qu’eux. Même nous autres Italiens ne pouvons nous parler ! » C’étaient Bernard Tapie et Louis Nicollin échangeant à (très) haute voix leurs impressions, l’un sur ses marques de ventouses dans le dos (« Je ressemble à une coccinelle »), l’autre sur sa fonte relative. « Au bout de six ou sept ans, raconte Couget, Louis m’a demandé : “Pourquoi tu ne viendrais pas à Montpellier ? Tu t’occuperais du rugby, du foot… et de moi !” » Finalement, Couget obéira en 2001 et passera le diplôme de nutritionniste nécessaire en France. Il est toujours à son poste au MHSC en 2024, une preuve de plus de la fidélité, arme pacifique numéro un de Louis Nicollin puis de ses fils.

Mais laissons donc l'éternel curiste accepter à sa façon la descente en deuxième division : « Au fond de moi, je suis malheureux mais on ne va quand même pas pleurer parce qu'on va jouer en D2. Tous les grands clubs ont connu un trou. Ça n'est ni une déroute ni une honte d'y retourner. Ça permet de compter ses amis et de repartir sur d'autres bases. » Ainsi débutait le XXIe siècle pailladin… Mais comme d'habitude chez Louis, la résignation ne lui va pas. On a appris à se méfier de son calme apparent. Comme si derrière ce calme, la rage avait toujours son mot à dire. Ce qui le rend toujours touchant, extraordinairement humain. À l'orée du siècle nouveau, non seulement il lui a fallu digérer le départ du fils de son meilleur ami, le retour en D2 mais aussi son éviction du conseil d'administration de la Ligue. Il balance entre deux sentiments contradictoires : « Écoutez, avec Molinari [président du FC Metz], Hamel [de l'AJ Auxerre], Hureau [du Havre] et Nicollin, qui avaient plus de cent ans de présence à eux quatre, il fallait bien laisser la place aux jeunes, aux hommes forts faits pour le business… » La conclusion pourrait s'arrêter là.

Mais non, Louis a mal même s'il ne le dit pas comme ça : « On s'est fait virer comme des malpropres ; on a pris une belle veste, mieux, un pardessus. Nous, on devait être beaucoup trop vieux, rétrogrades, on pensait d'abord au football… » Vous voyez le topo. Cette autre rétrogradation ne l'a pas empêché de faire le ménage, de virer pas mal de joueurs dont les Nantais Pedros, Ouédec, Loko et Decroix qu'il avait achetés à prix d'or. L'esprit Paillade, l'ADN du club, doit revenir et vite. Il constate : « On s'est tous pris pour ce qu'on n'était pas ; il y avait des manches à couilles à la tête du club et je me mets dedans. Il faut enlever les cigares et vite, retrouver l'humilité à tous les niveaux. Mais si on ne remonte pas en mai, je serai toujours là la saison prochaine. »

Et une fois de plus, tel un running gag, Mézy, éternel amour de revenant qui avait remplacé Gasset en fin de saison va faire remonter le club (2000-2001) ! Comme si lui seul savait comment slalomer au sein de ce club si particulier et comment épouser les paradoxes nicolliniens. Et comme souvent, son président préféré s'est acheté une bonne conduite : « Dans ma tête, c'est acquis : des vedettes, je n'en veux plus. Dans une entreprise, lorsqu'il y a un problème, on négocie, on discute. Dans le foot, les joueurs sont toujours en train de pleurer pour un oui ou pour un non. Je veux bien accorder une prime de montée mais cette accession, ça n'est quand même pas un miracle de Lourdes. Les joueurs ont simplement fait leur boulot. »

« Je veux que ce soit top, top, top. OK, les filles ? Vous êtes des amours. Allez, venez, on va au bar ! »

Au-delà des résultats secs du MHSC, entre siècles finissant et débutant, cette période ô combien charnière fut aussi celle de grandes résolutions comme si Nicollin, parfois las d'un football masculin dont il lui semble avoir fait le tour, voulait connaître d'autres plaisirs. Augmenter aussi sa zone d'influence sportive. Et donc économique ? Comme le temps passe et que sa santé n'est pas optimum vu les kilos qu'il prend et perd à la vitesse d'un orage cévenol, il met en place ses successeurs, ses fils, Olivier et Laurent. En mai 1999, le club de rugby de Béziers, au palmarès pourtant impressionnant, croule sous les déficits. Et l'ASBH d'être relégué en Élite 2. Louis, se souvenant que jadis il avait parfois joué pilier à Palavas-les-Flots, ne fait ni une ni deux, apure le million et demi d'euros de dettes et place Olivier à sa présidence pendant que le groupe Nicollin en devient le sponsor principal. « C'est un sport que je connaissais très peu, explique Olivier, donc, ça n'est pas par passion que je m'y suis collé, ni par obligation, d'ailleurs. Mon père avait l'opportunité de récupérer le club, je lui ai juste dit : "Si tu veux, je peux m'en occuper, tu as d'autres choses à faire..." On est allés à la mairie qui a dit : "OK, super !" Et j'y ai pris goût. »

Avec talent, aussi, puisque le club va remonter aussitôt la saison suivante. L'aventure durera neuf saisons pour le fils aîné. Avec une redescente en D2 en 2005. Commentaire de son père au moment de jeter l'éponge en 2008 : « On a attendu dix ans, jamais rien n'est venu. Je m'en fous de ne pas avoir fait les poubelles ou le nettoiement de Béziers. Mais au moins, qu'on nous donne une subvention ! On n'avait rien, il fallait qu'on paye tout. » Moins de deux ans plus tard, Louis et son fils voleront au secours du Montpellier Hérault (alors entraîné par Fabien Galthié), en proie à des soucis financiers et des querelles intestines auxquelles Georges Frêche, devenu président du conseil régional du Languedoc-Roussillon et de Montpellier Agglomération n'est pas étranger... Olivier en sera le président du conseil de surveillance. Le temps de remettre le club sur les rails financièrement parlant, et le groupe Nicollin qui était l'actionnaire majoritaire du club cédera sa place à Mohed Altrad un an plus tard. Autant d'expériences qui auront tanné le cuir d'Olivier, devenu directeur général adjoint de l'entreprise auprès de son père en 2008.

Quelque temps après l'installation d'Olivier aux manettes de Béziers, c'est au tour de Laurent de passer « de l'autre côté ». Laurent, né, rappelons-le, un an avant que son père ne crée le club où il joua jusqu'en DH avec l'équipe réserve et en cadets aux côtés des Carotti et autres Serge Blanc. Comme son frangin, il fut de tous les déplacements, de tous les vestiaires, de toutes les victoires, de toutes les défaites. Comme son frangin, il a confectionné les sandwiches avec Colette, sa mère. Il a observé ! Il a raté deux fois son bac, quasiment comme son père, et a découvert l'entreprise paternelle au cul des camions bennes (toujours comme son frangin) en une ébouriffante similitude. Bouillant en dedans comme son père, il sait en revanche bien mieux contrôler ses émotions et ne pas donner ainsi le bâton pour se faire battre. Dans l'imposante ombre paternelle, il a développé une grande qualité qui échappe si souvent à son géniteur : la diplomatie. Mais Louis, qui connaît ses propres défauts, reconnaît cette qualité chez son fils. « Ça s'est fait naturellement, raconte Laurent. Il y avait un manque au niveau administratif du club ; je suis venu « épauler » Philippe Peybernes qui était seul. En 1998-1999, on ne devait être que trois... Je lui ai d'abord donné un coup de main, et puis tout s'est mis en place progressivement. Je suis rentré dans le sportif, même si c'était encore chasse gardée de mon père, de Michel Mézy et de Robert Nouzaret. J'ai apporté un sang neuf dans le but de structurer le club un peu davantage. Je faisais tous les déplacements. Et puis ? pour mon père, ça lui faisait un œil de plus dans le club à un moment où son entreprise prenait de l'essor et qu'il ne pouvait plus être dans le quotidien du foot comme moi. Que ce soit pour mon frère Olivier ou pour moi, tout s'est fait naturellement, logiquement. »

Et à moins de trente ans, Laurent va donc entrer au conseil d'administration du club avant d'en être le président délégué. En 2002. Commentaire du papa : « À lui de faire ses preuves et de montrer qu'il est capable d'être mon bras droit ou mon bras gauche. Mais le patron, ce sera toujours moi ! » Cette radicalité, cette fermeté, les deux fistons savent que leur père sait la faire valoir en affaires comme avec eux jadis : « Comme son père, mon père – question de générations – avait du mal à dire qu'on pouvait faire des choses bien. Pour dire "bravo" à moi ou mon frère, il en fallait beaucoup ! Parfois, c'est notre mère qui lui disait : "Mais dis-leur !" Il était fier de ce qu'on était devenus dans la société. Mais pour obtenir quelque chose, on devait être comme les autres. Remarque, ça n'était pas plus mal. Ça nous a appris beaucoup ! »

À l'arrivée, comme leur père, les deux fils ont commencé leur carrière « au cul des camions », pour reprendre l'expression d'Olivier, et ont vu la notoriété, et de leur père, et du club, ouvrir en grand bien des partenaires, bien des mairies, bien des contrats.

Dans leur enfance, Louis était pour eux un papa poule venant parfois avec eux le dimanche matin avant le décrassage de l'équipe, avec entre autres Bernard Gasset, faire un 3×3. C'est pour eux qu'il avait d'abord commencé à ramener des maillots avant que ne surgisse l'idée du musée. « De toute façon, reprend Laurent, il ne jetait jamais rien. Après les maillots, il y a eu les trains ; il achetait des photos au journal *L'Équipe* ; il s'était même mis à collectionner les théières ! » « Ils faisaient beaucoup de choses ensemble, se souvient encore Colette. Le dimanche, ils les prenaient par la main et ils allaient acheter des soldats de plomb ou chercher un cadeau pour la fête des mères. » Et de ses déplacements, Louis leur ramenait bien sûr des cadeaux.

Bref, Laurent et Olivier ont eu somme toute une enfance heureuse qui est aussi l'une des raisons pour lesquelles la progressive passation de pouvoir père-fils a pu se faire sans heurt.

À la fin de cette même année 1999, Colette Nicollin était devenue PDG de la grande marque de tissus provençaux Souleiado dont le groupe Nicollin s'était rendu propriétaire après un redressement judiciaire deux ans plus tôt. (Souleiado sera reprise à nouveau dix ans plus tard.)

Un an plus tard, le centre de formation masculin allait connaître une nouvelle jeunesse avec le retour aux manettes de Serge Delmas qui, on l'a vu, était de la toute première revue en compagnie de Jacques Bonnet vingt ans auparavant. Après Toulouse, Delmas s'était occupé de la formation bastiaise puis de celle de Nîmes. « Quand on se voyait à Bastia, se souvient-il, Louis me disait toujours : “Je vais te faire revenir !” J'attendais qu'il m'appelle mais rien ne venait. Quand je me suis fait foutre dehors par Nîmes, ça a fait deux pages dans *Le Midi Libre Gard* le dimanche, et le lundi à 14 heures, Mézy m'appelle : “Le président veut te voir immédiatement !” Louis me dit alors : “Je l'avais dit, que tu reviendrais !" Il a sorti une feuille, m'a demandé une réponse sous quarante-huit heures sinon, c'était fini. Je lui ai répondu : "Attends que j'en parle quand même à mon épouse !" Et voilà, une fois de plus, c'était ça, Loulou. Et depuis, je suis toujours au club ! »

Puis Louis va mettre en place en 2001 l'une de ses futures (proches) réussites les plus éclatantes : le football féminin à Montpellier, premier club professionnel à intégrer une section féminine. De quoi tordre le cou à sa réputation de macho. « Quand vous voyez les filles, elles essaient de bien jouer, elles jouent même bien, elles jouent en passes ; des fois, c'est aussi bien, si ce n'est pas mieux qu'un match de garçons », disait-il.

Son fils Laurent raconte le pourquoi du comment : « On était supporters de l'équipe féminine de Castelnau-Le Crès qui était en grande difficulté. Mon père l'a récupérée. C'était un truc un peu fou. Les instances réfléchissaient alors à imposer une section féminine dans les clubs pros mais mon père a pris les devants. » Non seulement il va récupérer l'équipe de Castelnau mais la faire croître et embellir vite fait en faisant venir dès 2001 l'attaquante internationale Hoda Lattaf, Sonia Bompastor un an plus tard puis

Camille Abily. Une fois de plus, il aura su se montrer persuasif, comme le raconte Hoda Lattaf : « Quand le père Nicollin m'a appelée, j'ai tout de suite accepté. J'aimais bien les challenges, et le projet était cohérent, intelligent. Les installations étaient déjà dignes d'un club professionnel. » C'est que Louis avait attaqué ce nouveau domaine des ambitions plein la tête, comme en témoigne cette conf' de presse : « Il y en a qui peuvent penser qu'on fait un peu de social, que ça fait bien de prendre des filles avec nous. Mais moi, c'est pour que vous soyez championnes de France. Je veux que ce soit top, top, top. OK, les filles ? Vous êtes des amours. Allez, venez, on va au bar ! »

C'est donc sur un multisocle élargi que Louis Nicollin a affronté les débuts du nouveau siècle.

« J'étais à trois paquets de gitanes par jour ! »

La Paillade est remontée en D1 à l'issue de la saison 2000-2001 grâce à Michel Mézy, et Loulou, on l'a vu, l'a jouée modeste. Il a resserré les cordons de la bourse, son entraîneur chéri doit faire avec ce qu'il a, un mélange d'anciens et de modernes. Pourtant, ce sacré

Loulou a eu une idée que va nous narrer… Laurent Blanc, alors joueur à Manchester United : « C'était ma première année en Angleterre et ça n'était pas un petit club ! Ça marchait plutôt bien et j'envisageais déjà une deuxième année. M. Nicollin m'appelle et me dit : “Tu es vieux, maintenant, tu es en fin de carrière – il avait raison –, tu peux arrêter. Et tu peux venir me sauver maintenant ?” Je lui ai répondu qu'il n'était pas dans mon intention d'arrêter, que j'étais content qu'il ait pensé à moi mais que je ne me sentais pas prêt pour cela. La mission était périlleuse. Montpellier était mon club, et sincèrement, je lui ai dit qu'il y avait de meilleures personnes que moi pour cette situation. »

Louis, qui n'apprécie guère qu'on lui résiste, gardera forcément une dent envers cet enfant qu'il a en quelque sorte élevé et qui, sur ce coup-là, ne montre pas la gratitude qu'il espérait. « Un jour, j'ai eu une discussion très franche avec lui, ajoute ce Lolo aux antipodes de Loulou, question caractère. Je crois que ça l'énervait qu'à l'avenir, je ne lui doive rien car il m'a dit : “Je sais que tu n'auras pas besoin de moi.” »

Lequel Loulou, à présent actionnaire totalement majoritaire de son club devenu une société anonyme sportive professionnelle (SASP), médite agréablement sur sa conduite bien assagie : « Quand on veut péter plus haut que son cul, qu'on recrute à tour de bras des joueurs à 40 millions de francs, on se casse la figure. Normal. Après, il faut tout reconstruire. Quand on ne prend personne et qu'on fait jouer nos jeunes, on s'aperçoit qu'ils sont aussi bons que les autres. La preuve, c'est comme ça que Nantes est devenu champion de France. Ça peut arriver un jour à Montpellier mais il faudrait quand même un gros malentendu. Une Coupe, oui, ça arrivera. Mais le titre, non. La Paillade n'a pas la carrure pour le titre. »

Et quand le club s'est pris de grandes ambitions, il s'est planté, on l'a vu, et Loulou encore mieux que les autres. Il ne peut se douter de ce qu'il adviendra dix ans plus tard...

Pour l'heure, son Montpellier fait une saison somme toute correcte malgré la venue tardive et fort éphémère, de mars à mai, via Nike, du milieu brésilien Roberto Assis, frère aîné de Ronaldinho, futur Ballon d'Or *France Football,* aussi doué qu'instable. Encore une tentative de starification avortée mais celle-là n'aura pas duré longtemps.

Le plus important, finalement, est à venir. Quelques semaines plus tard, en effet, le 20 juin 2002, déjeuner d'affaire au *Pichet de Paris*, près des Champs-Élysées, avec Jean-Claude Lemoult, administrateur du Paris

Basket Racing (dont le président est Gilbert Varlot) et un peu plus tard président de Paris Handball. Louis ne se sent pas bien. Tellement pas, qu'une fois admis à son retour à la clinique du Millénaire de Montpellier, on lui pose des stents, ce qui est mieux qu'une opération à cœur ouvert mais nécessite désormais une surveillance accrue de ses artères et une conduite de sa santé un peu plus douce question stress, bouffe et nicotine. « J'étais à trois paquets de gitanes par jour, admettra-t-il après coup. Là, je n'ai pas besoin de patch ; je suis guéri à tout jamais. Je ne veux pas revoir les petits hommes verts dans les couloirs d'hôpital. Le problème, quand on arrête de fumer, c'est qu'on veut compenser. Je dois fondre de quinze bons kilos mais malgré les efforts quotidiens, la marche, la natation, je ne maigris pas d'un gramme. Enfin, je pense qu'en décembre, je ressemblerai à un play-boy. » Conscient du temps qui passe et alerté par sa santé, Louis va cette année-là introniser son fils Laurent comme président délégué. Car question stress, Louis a eu sa dose, on l'a vu, depuis le 5 novembre 1974 ! Foot masculin puis féminin, hand, basket, joutes, rugby, poubelles, boules lyonnaises, pétanque, rayer la mention inutile. En tout cas, en décembre, il ne ressemble pas à un play-boy. Plutôt à un patron d'entreprises, au pluriel, qui a joué les... patrons. Depuis son accident cardiaque, l'entreprise Nicollin a décroché plusieurs timbales sur Paris dans le 3e et le 4e arrondissement. Comme le dit le patron : « Paris vaut plus qu'une messe. »

Il faut dire que Louis reste plus que jamais fidèle à sa stratégie d'entreprise : « Je sponsorise les clubs sportifs des villes où je travaille. » Et si ses poubelles connaissent un succès tout frais à Paris, c'est parce que quelques mois auparavant, il a repris le Paris Basket Racing à hauteur de 27 000 francs, car Canal + souhaitait vendre même pour une bouchée de pain. Il racontait alors à qui voulait l'entendre : « Philippe Seguin, qui se présentait à la mairie de Paris, m'a dit de reprendre le club et qu'en échange je gagnerais le marché des poubelles. Il a perdu mais nous, on a gagné le marché ! » Bien joué. Même s'il revendra le club quatre ans plus tard après que s'y fut illustré un certain Tony Parker. Ce que Louis ne savait pas c'est que les transferts, en basket, rapportaient bien moins que le foot. Les Spurs de San Antonio ne lui verseront que 200 000 dollars.

Dans le même ordre d'idées, quelques jours avant son alerte cardiaque, Louis venait de « s'offrir » le Paris Handball où il avait placé en pole position son ancien milieu de terrain victime de Cantona, devenu directeur du centre de tri de Versailles, Jean-Claude Lemoult (entre parenthèses, c'est déjà ce dernier qui avait signalé aux oreilles présidentielles que Canal + et Charles Biétry voulaient se débarrasser du basket). Paris valait donc non seulement une messe mais aussi deux retentissants rachats qui ne tiendront malheureusement pas avec le temps.

Mais si le cœur de Louis a encore quelques belles années devant lui, celui de son si grand ami Bernard Gasset a lâché quelques semaines auparavant. Le 13 avril. On imagine le chagrin de Louis, qui n'en fera guère état, préférant une fois de plus garder sa tristesse tout au fond de son cœur. Peut-être cette cruelle disparition a-t-elle pu accélérer sa défaillance artérielle ? « Mon père est "parti" chez Louis, au mas Saint-Gabriel. Il est mort en sortant prendre l'air près de la fontaine. J'étais à Paris. Il venait de fêter chez Louis leur victoire au championnat de boules lyonnaises. » Jean-Louis, le fils, alors encore en froid avec son club de toujours, est plus que malheureux même s'il sait que son père et Louis s'étaient réconciliés après son départ… Loulou et son staff n'étaient pas présents au mas. Montpellier jouait à… Lyon.

9

LA VIE EN MOROSE

Et puis, en cette saison 2002-2003 où la D2 est devenue L2, plus que jamais directif, Nicollin senior a, une fois encore, dégagé son plus fidèle capitaine de vaisseau et ami, Michel Mézy, au regard de résultats calamiteux à l'automne. Il en a de nouveau un peu marre, l'ami Louis. Son cœur qui flanche comme les résultats, il déclare que le foot ne l'« intéresse plus, comme les cigarettes », installe encore davantage son fils Laurent comme son successeur, et balance, plus dur que jamais, que « Mézy a fait l'année de trop ». À la question « Vous le payez toujours ? » Louis répond : « Oui », et à « Que fait-il au club ? », « Rien. » Dur.

« Je m'appelle Nicollin, et le patron, c'est moi ! »

Et devinons tous ensemble à qui Louis a pensé pour succéder à Mézy ? Tous en chœur : à Robert Nouzaret ! Seulement, celui-ci, qui aurait été bien sûr partant, est retenu par la sélection nationale qu'il entraîne : la Côte d'Ivoire. Alors, même s'il pense à lui pour la saison prochaine, Louis va jouer une autre carte maison : un trio d'entraîneurs Bernardet/Baills/Printant. Le premier a été un brillant milieu de terrain montpellierain façon Giresse de 1986 à 1989 avant de devenir l'un des adjoints de Gasset puis de Mézy à partir de 1999 ; le second fut un défenseur au mental pailladin – c'est-à-dire de fer – de 1983 à 1991 puis de 1995 à 2000 avant de passer entraîneur des équipes réserves du club. Le troisième, ancien joueur du club en juniors puis en réserve, est l'entraîneur des gardiens. Loulou ne se fait pas d'illusion sur le sort qui attend son équipe en fin de saison quand il désigne ce trio, qui lui rend cependant le sourire. Déjà ça. Car c'est toujours un crève-cœur pour lui (au sens propre ?) que de se séparer de Mézy, quoi qu'il en dise. Et il sourit encore, incrédule, quand Bernardet en février lance un pari alors que le club est moribond à neuf points du premier relégable : celui de rejoindre Lourdes à vélo si, par miracle, Montpellier se maintenait en première division. Le 11 juin, Loulou ira attendre le cycliste du miracle à la ligne d'arrivée pour l'appeler désormais Bernardet Soubirous ! Laquelle avait affirmé jadis avoir vu dix-huit fois la Vierge et sera béatifiée bien plus tard puis canonisée. Bernardet ne le sera pas. Car lui et ses acolytes seront remplacés quelques mois plus tard au cours de la saison 2003-2004 par Robert Nouzaret devenu entre-temps disponible même si son éternel président préféré (EPP) déclarait : « À 60 ans, Robert est plus près de la retraite que de la communion. Il est opiniâtre, il est l'homme qu'il nous faut. » Pas de chance pour Bernardet, de terribles inondations sur la Mosson avaient contraint le club à disputer trois matches consécutifs à l'extérieur : tous perdus ! Mais comme bien d'autres avant lui, l'éphémère entraîneur avait eu la sagesse de ne pas ruer dans les brancards au moment de son licenciement car ayant « du respect et de l'affection pour Louis Nicollin ». Qui n'en avait pas ? En apparence, le *Midi Libre* n'en avait plus guère quand il titra à sa Une : « Doit-il partir ? » Et d'énumérer les plantages maison depuis des années : Grammont qui n'appartient pas au club et dont les vestiaires sont indignes, la moyenne de spectateurs, les finances bancales, les échecs dans le recrutement, la diversification des sports « voulLoulue »... Le quotidien phare de la région ose même évoquer des noms pour reprendre un club devenu trop familial à ses yeux à l'heure où d'autres clubs passent dans d'autres mains aussi extérieures que fortunées...

C'est avec ce package que Montpellier et son président vont entamer une traversée d'un désert qui va durer cinq saisons au cours desquelles Jean-François Domergue, le premier, succédera à Nouzaret dès la sixième journée de la saison 2004-2005. Le club qu'il entraînait, Le Havre, venait de redescendre en L2, la faute à... Gérard Houllier qui avait voulu faire venir à Liverpool dès la trêve hivernale Sinama-Pongolle et Le Tallec, les deux jeunes vedettes du club ciel et marine. Il avait obtenu gain de cause, le HAC ayant besoin d'urgentes liquidités, mais l'équipe ne s'en était pas relevée. « Louis Nicollin m'a appelé, se souvient l'ex-défenseur international champion d'Europe 1984. Il m'a demandé de venir le voir à Montpellier, j'y ai passé le week-end et j'ai signé. » Domergue n'était pas un (tout) proche du président comme l'étaient Mézy, Nouzaret ou Gasset mais, par contre, il était l'ami d'un autre proche, Michel Platini, et cela faisait figure de sauf-conduit.

Domergue était (et est resté) un gentleman policé, plein d'ambition et d'espoirs. Mais sous sa conduite, La Paillade semblera avoir cédé définitivement le pas à Montpellier sur le terrain comme en dehors. La preuve, ses médiocres parcours en Coupe durant toutes ces années de plomb, de courant 2004 à courant 2007, avec des classements indignes de ce qu'avait été le club il n'y a pas si longtemps et surtout synonymes de L2 encore et toujours... Louis en a marre et il le dit : « On va essayer de monter une dernière fois ; ça ne veut pas dire que je vais tout arrêter si on ne monte pas. Simplement, si on n'y arrive pas, on arrêtera d'avoir un budget conséquent, de viser la L1 et on continuera pour l'amusement. Et puis, un jour, on reviendra naturellement. Mais ce sera fini, les grandes dépenses. » En attendant, durant ces cinq années de L2 qui se profilaient, c'est Nicollin qui, de sa poche et non pas de celle du groupe, aura payé les 14,5 millions d'euros de dettes. Las de voir son club végéter à l'étage inférieur, Louis passe d'abord ses nerfs sur Serge Delmas, son directeur de la Formation, qu'il traite de « menteur » à propos de la qualité de ses jeunes pousses : « L'année prochaine, il va retourner entraîner le CFA, il ne le sait pas encore, il va l'apprendre dans *France Football*. » D'un autre côté, il apprécie l'honnêteté de

Domergue mais pas ses résultats. « Ça ne s'est jamais vu qu'on garde un entraîneur dernier du classement. Normalement, il aurait dû voltiger. Mais je le garde parce que c'est un mec bien, c'est tout. »

« Regardez-vous ! On dirait ma manade qui part à l'abattoir ! »

Quelques semaines plus tard, Nicollin père déboulera en plein entraînement, et « Jef » se souviendra toute sa vie de ce 27 avril 2007 : « J'avais des échos mais on ne me disait rien, se rappelle-t-il. Je ne savais pas. La séance avait démarré à Grammont quand Louis est arrivé avec Michel Mézy et son fils Laurent. Il nous a demandé de stopper la séance. » Il est vrai que Montpellier était alors relégable à cinq journées de la fin. La violente tirade présidentielle (VTP) à destination des joueurs fait mal au gentil Jef : « Vous êtes nuls. Regardez-vous ! On dirait ma manade qui part à l'abattoir ! Il faut y aller avec les couilles et le moral. Et puis ces joueurs qui "pètent" dans tous les coins, ce n'est pas normal. Dans cinq matches, il y aura des problèmes à régler, et ce sera de ma faute. Alors dites-moi tout ! Vous voulez le garder, votre entraîneur, ou vous voulez vous autogérer ? » « À cette époque, il y avait des journalistes aux entraînements, se souvient Domergue, et ils ont été quand même surpris. J'ai dit : "Président (je l'ai toujours vouvoyé), je vais vous laisser avec les joueurs, je retourne aux vestiaires." Les joueurs ne répondront pas à la question. Je me suis dit qu'on attendait que je décide, moi. Le soir, je suis allé chez Laurent qui avait été nommé président délégué ; on a bu un verre et je lui ai dit que ce qui s'était passé le matin mettait un terme à notre collaboration. » Pourtant, elle ne va pas cesser, elle va se poursuivre mais autrement. Le club, qui pense à Rolland Courbis, sait qu'il n'a pas le diplôme pour entraîner et qu'il lui faut donc un prête-nom. Et puis Domergue avait un projet pour l'école de foot montpelliéraine. Serge Delmas parti, il récupérera le poste de manager de la Formation de ce dernier, des U6 au U19. Du coup, il restera dix ans au club. On signalera, et c'est bon à savoir, que le club avait, avant Courbis, de nouveau pensé à Laurent Blanc, qui avait décliné l'invitation lancée par Mézy, préférant démarrer sa carrière d'entraîneur dans un club plus huppé, Bordeaux, ce qui n'arrangea pas la forme d'incompréhension que Louis nourrissait envers lui. « Je ne lui ai rien demandé. Mais quand Michel est venu le chercher, à sa place, j'aurais dit oui tout de suite. Mais pas lui… » grincera Loulou qui, plus tard, en remettra une couche sur celui qui était devenu « le Président », le qualifiant de « hautain »… Et pendant ce temps, Nîmes était remonté en deuxième division. Une descente en D3 de Montpellier aurait donc fait office de véritable catastrophe industrielle dont Louis Nicollin, géniteur de La Paillade, ne se serait pas relevé.

C'est donc l'influent Mézy, partageant tant de choses du foot et bien d'autres thématiques avec Courbis, qui a pensé à ce dernier malgré ses démêlés juridiques en cours. En juin 2006, l'ancien entraîneur de l'OM avait été condamné à deux ans de prison ferme et cinq ans d'interdiction d'exercer une activité footballistique lors du procès des comptes de l'OM. Mais sa condamnation étant suspendue au procès en appel du 18 juin (sans jeu de mots historique), Rolland Courbis avait pu reprendre son métier. Les « bad boys », Louis pouvait aimer cela, et de toute façon n'avait pas voulu une fois de plus demander à Michel Mézy de renfiler son survêtement. Et ce sera au tour de Courbis de passer comme une Bernadette Soubirous du ballon rond même s'il n'y aura pas, cette fois, d'expédition à Lourdes. Oui, Montpellier va se maintenir. Philippe Peybernes a un souvenir très précis des quatre matches qui restaient pour se maintenir ou descendre – horreur, humiliation et mort certaine – en National. « On avait perdu 1-0 à Créteil. Un but contre notre camp de Carotti. Rien n'allait ! Je devais aller voir le groupe Deep Purple au Zénith, et Louis m'avait demandé de plancher sur un budget pour le National. J'y ai passé ma journée et je n'y arrivais pas ! »

Heureusement, mais dans un contexte qui fera grincer certaines dents au vu du pedigree du nouvel et sulfureux entraîneur, c'est à Ajaccio, invaincu à domicile depuis janvier et dont Courbis avait été l'entraîneur à plusieurs reprises, que le club va empocher son ticket pour le maintien. 2-0. À l'avant-dernière journée ! L'après-match tout en soulagement n'ira pas non plus sans quelques saillies présidentielles qui passaient encore comme une lettre à la poste à cette époque : « J'en ai gros sur la patate car j'en ai vraiment chié. Quand je pense qu'il y a des gens qui se permettent de dire qu'on a acheté les matches… J'étais à Ajaccio, je pense que l'avant-centre d'Ajaccio a fait exprès de tirer sur le poteau. Ça, ça me scandalise que des pédés disent des trucs comme ça. Je ne peux pas supporter ça. Et que des journalistes rentrent dans ce jeu… Alors peut-être que c'est pour gagner un peu de sous. Mais ceux-là, je ne leur parlerai plus. Ce qu'on a vécu, à la pensée d'aller à Romorantin, à Raon-l'Étape, ça me tapait. Nîmes, ce n'était pas grave. J'espère qu'on les jouera en deuxième ou en première division. »

Quant à son avis sur son entraîneur, le voici : « Même en National, Rolland serait parti avec nous. Dans la vie, quand on tend la main à quelqu'un et si ce quelqu'un nous le rend, il faut le garder. Entre nous, il n'a pas entraîné n'importe qui. On doit être son plus petit club, avec son club tchétchène, qu'il a eu... C'est un gars bien. C'est officiel, il n'y a que le procureur qui peut nous l'enlever. Il n'a pas besoin de contrat. Il sera l'entraîneur à vie... » Mais avec mission de faire remonter le club en L1 la saison suivante. Ce sera pour celle d'après. Il faut dire qu'entre-temps Courbis aura été condamné en appel à deux ans de prison ferme dont un de révocation du sursis et 200 000 euros d'amende. Ses avocats seront bons, lui permettront de rester entraîneur mais l'accusé... accusera le coup, ce que Nicollin comprendra, et son équipe avec...

Pour oublier un peu toute cette morose situation, Louis voyage et mange trop bien, témoin ce souvenir platinien : « Un jour, je suis allé faire une tournée en Asie pour le compte de l'UEFA, pour signer des contrats avec les Coréens et les Chinois. Quand je suis parti, j'ai demandé à Loulou s'il voulait venir avec nous. Il a payé son voyage, et le premier soir – William Gaillard, le responsable de la communication UEFA, était là – on devait être à Hong Kong dans un restaurant chinois à une table ronde. On s'assied, j'étais après Loulou. Il avait une faim, je te raconte pas, les gens se servent et tournent les plats. J'étais juste après Loulou mais il n'y avait plus rien… Les gens s'étaient servis avec parcimonie, pas lui… Ça ne m'a pas perturbé. C'était drôle. Louis ne rigolait pas avec la nourriture… »

Dans l'Hexagone, du côté de la Mosson, le répit judiciaire obtenu par Courbis jusqu'en fin 2008 lui aura permis d'y voir plus clair, et le 29 mai 2009, Montpellier retrouvera la L1 après, cependant, plusieurs ultimatums présidentiels du type : « Soit on monte, soit j'arrête ! » Il faut dire qu'à six journées de la fin, le club pointait à la sixième place à cinq points de la troisième. Et ce, peu de temps après avoir perdu à Nîmes, ce qui avait bien sûr colossalement courroucé Loulou : « Quand on n'est pas capable de gagner le derby contre Nîmes, on ne mérite pas de rejoindre la L1. » Mais Montpellier finira pied au plancher, grattant treize points en cinq matches, et c'est contre Strasbourg, autre prétendant au titre, lors de la dernière journée et devant près de 30 000 spectateurs que Courbis *and co* obtiendront enfin leur sésame. Mais Rolland aura beau pleurer dans les bras de ses supporters qui le portaient en triomphe, il ne sera plus l'entraîneur la saison suivante. Eh non… comme à Montpellier rien ne se passe comme ailleurs, Nicollin ne gardera pas Courbis en L1 malgré l'accession. Ce dernier avait eu le malheur avant même que ne commence sa dernière saison avec La Paillade d'annoncer qu'il cesserait d'être entraîneur pour envisager le théâtre ou le cinéma. Or, Louis a une sainte horreur qu'un de ses employés s'exprime sur son avenir avant d'en avoir été averti. Et puis, il était également agacé par l'autre casquette de « Coach Courbis » sur RMC dont les réflexions sur l'équipe de France et l'UEFA le mettaient en porte à faux. Dernier argument massue : « Rolland ne sait pas ce que c'est qu'entraîneur et président. Il a toujours fait ce qu'il a voulu partout où il est passé. Mais moi, je m'appelle Nicollin, et le patron, c'est moi. » Courbis pense quant à lui que l'éventuelle perspective d'avoir un bracelet électronique à la cheville, fruit de son pourvoi en cassation, avait de quoi rendre dubitatif ! « À tout moment, on pouvait venir me chercher. »

10

LE CADEAU D'UNE VIE

Le patron a de toute façon jeté son dévolu sur René Girard, un ancien et mythique Nîmois. Il avait même pris des contacts avec lui dès l'automne 2008. « Néné », qui a déjà 55 ans, est bien connu du circuit, fraîchement évincé par la DTN, ce qui l'a touché profondément et rendu revanchard. Il est de Vauvert, à dix kilomètres de Marsillargues, là où est née Colette Nicollin. Il était même de l'explosif trente-deuxième de finale de Coupe de France, on l'a vu, contre Montpellier à Alès en 1979 au cours duquel il avait montré son cul avant que Nicollin et Mézy ne fassent connaissance. Et Loulou d'expliquer son choix : « En tant que joueur, il avait le profil de ceux que j'aime, les bagarreurs. Au-dessus, il y a Platini, Mézy et Di Nallo mais Girard était le type de joueur qui permettait aux plus grands de flamber. Et puis, il est passé à la DTN. Il connaît le foot ; c'est mon Roy

Keane de banc. Il s'exprime bien et il est respectueux. René est comme moi, il ne supporte pas de voir les joueurs se planquer. »

Effectivement, le DTN Gérard Houllier avait imposé Erick Mombaerts à la tête de l'équipe de France Espoirs que drivait Girard depuis 2004. « Il m'avait dit : "Tu ne te qualifieras pas [pour l'Euro 2009]." J'ai répondu : "C'est toi qui le dis ; je ne reste pas", raconte René aujourd'hui. J'ai reçu alors un coup de fil plutôt étonnant de Louis Nicollin ; étonnant parce que j'avais une plus grande expérience comme DTN que comme entraîneur de club. Il m'a demandé de le rencontrer, on s'est retrouvés dans son mas, dans une de ses vieilles bâtisses, en compagnie des gens de la formation. C'est la période où il commençait à laisser son fils Laurent diriger davantage les opérations. » Ce qu'on ne sait pas encore du contrat signé, c'est qu'une clause gag y figure : « C'est venu dans la discussion, raconte le nouvel entraîneur. Moi et mon agent, on s'est dit, même si on n'y croyait pas une seconde : "Qu'est-ce qu'on a à perdre, on ne sait jamais : une prime si on est champion de France." » Et Loulou, qui n'y croyait pas davantage, de parapher la clause...

Cerise sur ce gâteau 2008-2009, Montpellier remportera aussi cette année-là la Coupe Gambardella, prouvant ainsi que son centre de formation retournait à plein, comme en témoignent les talents des El Kaoutari, Belhanda, Stambouli, Cabella, Jonas Martin, ce qui ne pouvait que réjouir et le président et le nouvel entraîneur.

Reçu au Vatican – via le Variétés Club de France – par Benoît XVI (« le pape, c'est con de dire ça, mais ça ne m'a rien fait »), peu de temps après l'accession et la signature de Girard, Louis sent bien que les temps changent pour expliquer à cet autre journaliste confident Erik Bielderman : « Il va falloir que je fasse attention. Si je traite quelqu'un d'enc..., je vais avoir toutes les ligues homophobes qui vont me tomber dessus. Tout est pris au premier degré. Mais qu'est-ce qui se passe en France ? On ne peut plus rien dire sans se faire ramasser. »

Et Louis, incorrigible, se fera « ramasser » trois mois plus tard. Et il avait raison, il aura toutes les ligues homophobes sur les reins suite à un épisode resté célèbre : celui de la « petite tarlouze » – expression prise au premier degré comme il le craignait. Montpellier perd à Auxerre. Tino Costa est expulsé, Louis voit dans le comportement de Pedretti tout au long du match les causes du carton rouge. Et de grincer après le match : « Pedretti a tout commandé sur le terrain. Mais celui-là, quand il va venir à la Mosson, on va s'en occuper. Lui, c'est une petite tarlouze ! » Il aurait dit « salopard », personne n'aurait trouvé à redire ou écrire. Trop tard. Telle une traînée de poudre, la « tarlouze » fait le tour de France des médias et des réseaux sociaux. Le lendemain, Louis appelait Pedretti qui passera l'éponge : « On peut se parler, se dire les choses, on n'est pas des gonzesses », commentera le président décidément malheureux dans le choix de certains mots. Deux semaines plus tard, la Commission de discipline de la Ligue lui infligeait deux mois de suspension totale de fonctions. Six mois plus tard, Louis Nicollin était le seul des vingt présidents de L1 à avoir répondu positivement à la Ligue dans sa lutte contre l'homophobie… La forme et le fond… Louis a toujours été plus généreux qu'il n'était grossier. Malgré quelques regrettables « pédés » ultérieurs dans son langage qu'il ne parviendra jamais à parfaitement contrôler.

Si Louis était toujours parmi nous, sûr qu'il ferait la Une des médias à chacune de ses sorties. Son fils Laurent sait mieux y faire, et c'est tant mieux, vu qu'il prend alors de plus en plus sa place comme président délégué.

Cette irréfragable démesure dans le verbe est peut-être l'une des raisons qui ont poussé la FFF à ne plus vouloir que son père accompagne l'équipe de France. L'enfant émerveillé qui demeure en lui a du mal à encaisser ce qui est pour lui un vrai choc : « Montrer ma gueule, je m'en fiche. Ce qui me rend le plus triste, c'est de ne plus accompagner l'équipe de France. Certains l'ont accaparée. On m'a pris pour un gros con, je ne suis plus rien. On m'avait promis une place au conseil fédéral, on n'a pas tenu parole. Mon fils siège à la Ligue, c'est bien pour nous. »

« Si c'est pour t'emmerder à jouer contre Klimarnoche, viens plutôt à La Paillade te marrer... »

Orphelin des Bleus, Louis part en cure à trois reprises pour perdre vingt kilos qui ne sont pas superflus et se console vite en voyant son nouvel entraîneur René Girard et tout un staff autour de lui, inclus son fils Nicolas qu'il eut un peu de mal à adopter, relancer la machine alors même que le budget est demeuré sous les 30 millions d'euros, sans arrivée retentissante. Mais le centre de formation tourne à plein régime. Les Yanga-Mbiwa, Belhanda, Aït-Fana, Jourdren sont les symboles d'un esprit Paillade retrouvé doublé d'une technicité montpelliéraine. Au beau milieu de la saison 2009-2010, Louis se pince mais ne veut pas aller trop loin dans la prospective : « Le titre ? Il ne faut pas exagérer mais l'Europe, ce serait beau. La Ligue des champions, je la connais seulement par les vignettes Panini que m'envoie Michel Platini. » Conscients du potentiel inédit de son équipe, Nicollin père et fils vont faire signer un certain Olivier Giroud au mercato d'hiver bien que celui-ci ne puisse jouer que la saison suivante. « J'ai décroché mon téléphone pour le convaincre, raconte Loulou. Il paraît que ça peut faire la différence ; il y avait de sacrés clients sur ce garçon. » Louis aurait dit à Giroud dont le cœur penchait pour l'Écosse : « Qu'est-ce que tu vas foutre en Écosse ? Si c'est pour t'emmerder à jouer contre Klimarnoche, viens plutôt chez nous te marrer... » L'argument a convaincu, semble-t-il. Et avant que ce dernier ne puisse être aligné, Montpellier finira sa première saison girardienne à la cinquième place, synonyme d'Europe. On est loin de l'objectif maintien et c'est tant mieux mais du coup, certaines impatiences vont voir le jour lors d'une étrange saison suivante, fort contrastée. Elle commence par une élimination en C3 sans gloire, dès le premier tour contre les modestes Hongrois du Györi Eto FC. Mais un peu plus tard, lors de la 14e journée, Montpellier se retrouve leader de la L1 pour la première fois de son histoire ! Cela donne forcément des idées, même si la présidence affirme qu'« on sait que ça ne durera pas ». Sûr que ça ne durera pas. Car pendant que Montpellier s'offre un bien joli parcours en Coupe de la Ligue jusqu'à la finale qui verra l'OM l'emporter 2-1, le club finit l'exercice du championnat à la... quatorzième place. Largement de quoi opposer deux sanguins, l'un dans le rôle traditionnel du boss, l'autre dans celui de l'employé qui a fait ce qu'il a pu. « Ça me fait vraiment chier de finir dans cette position. Je ne suis pas du tout content, et mes joueurs vont le savoir. Je vais les rencontrer lors de la reprise, le 29 juin prochain, et leur dire ce que je pense. On va gentiment remettre les choses au point. » Quelques mois auparavant, Nicollin s'était en effet ouvertement demandé s'il allait prolonger le contrat de son entraîneur qui expirait en juin, ce que ce dernier n'avait que peu goûté... Mais la raison l'avait emporté, pour une fois. Girard connaissait bien le personnage : « C'est un des présidents avec lesquels j'ai le mieux travaillé. Il n'était absolument pas interventionniste dans mes choix ; j'ai eu mon mot à dire dans le recrutement, et avec lui, les choses étaient carrées. J'avais plus souvent affaire à son fils Laurent, sauf quand ça devenait financier. Une fois que tu le connais, tu peux passer au-dessus même s'il fallait parfois s'accrocher aux branches. »

En plus d'une désagréable quatorzième place, cette saison 2010-2011 avait été endeuillée et pas qu'un peu par le décès du meilleur ami de Loulou depuis Bernard Gasset (et en dehors de Michel Mézy et de Robert Nouzaret). Le 24 octobre 2010, de retour, la veille, d'un mémorable voyage en Chine en compagnie de Louis Nicollin et de Gérard Depardieu, Georges Frêche, 72 ans, décédait d'une crise cardiaque dans son bureau du conseil général. On sait l'amitié de l'un pour l'autre et vice versa. Frêche avait cette culture qui manquait à Nicollin (même si Mézy affirme que Louis savait bien plus de choses qu'il ne voulait le montrer) et il la lui racontait à sa façon, une façon triviale et grandiose dans laquelle Louis se retrouvait. Mais c'est surtout son action, pour le club et pour la ville, que Nicollin préférera souligner : « La ville de Montpellier ne se relèvera jamais de sa perte. Sport et culture, il en a fait une ville imbattable. Georges Frêche était l'un des rares politiques qui n'étaient pas faux cul. Tous les autres se lèchent le cul pour être élus. Le grand a vite compris le bénéfice qu'il pouvait tirer du sport pour la com' de sa ville. Sans lui, jamais on n'aurait pu passer pro. »

On a vu, mais cela vaut le coup de le rappeler, que grâce à Frêche, le Montpellier Paillade Sport Club de Nicollin était devenu en 1989 le Montpellier Hérault Sport Club, perdant ses couleurs rouge et blanc pour gagner le bleu et blanc de la ville, avec un zeste d'orange. La ville et le département, main dans la main, avaient permis de récolter vingt millions de francs pour attirer le duo Paille-Cantona. Malgré le couac sportif de cette double venue, Montpellier s'était affirmé comme l'une des places fortes du football français, remportant, à ce titre, la Coupe de France en 1990 tout en mettant en exergue son centre de formation. Une grande ville en plein essor, comme son club, le duo pétaradant pouvait être fier de lui. Mais l'un des deux ne verrait pas son ultime et formidable accomplissement au bout d'une lutte effrénée avec le PSG qatari entraîné par Carlo Ancelotti.

Peu de temps après la mort du maire mythique de Montpellier, un événement mineur en apparence mérite d'être conté car il va beaucoup jouer dans la future popularité du président. Louis Nicollin, obsédé par son musée qu'il veut toujours plus beau, toujours plus éclectique, téléphone à un dessinateur en herbe, un vrai supporter pailladin qui a connu la butte en terre et la tribune en bois d'où il voyait, minot, gesticuler le président : David Buonomo. Loulou l'appelle et veut lui acheter ses dessins de sport. Au moment de lui demander à qui libeller le chèque, « Dadou » répond « Buonomo ». Nicollin s'écrie alors : « Mais... bien sûr ! Tu es le petit-fils de Tony Buonomo qui était le président du club Juvénal Antigone et qui chaque année venait me taxer un peu d'argent que je lui donnais ! » « C'est ça aussi, Louis Nicollin, commente Dadou. Il se souvient de tout le monde. »

Et à l'orée de la saison 2011-2012, Dadou montre à Loulou quelques planches du futur album *Nicollin, une vie de foot*. « On y voit entre autres Georges Frêche en string dans un jacuzzi. Mort de rire, Louis m'a dit : "Fais ce que tu veux, toi tu es un artiste, un vrai Pink Floyd !" » Mais avant de se quitter, Dadou l'apostrophe :

« Vous êtes prêt pour le mois de mai ?

– Pourquoi ?

– Parce qu'on va être champion...

– Toi, tu crois au petit Jésus soviétique... Allez, va faire tes dessins ! »

Quelques mois plus tard, Dadou se rend à une séance dédicaces en compagnie de Loulou au MHSC Store. Le président est ravi ; il a même décommandé un rendez-vous avec la maire de Montpellier, Hélène Mandroux. Ils y signeront jusqu'à des heures indues. Un incroyable succès qui fait dire à Buonomo : « Il était aimé mais ne s'en rendait pas compte parce qu'il ne s'était rien passé depuis de longues années qui permette aux gens de le lui dire. Là, avec Montpellier en route pour le titre, les gens pouvaient enfin lui témoigner tout leur amour. » Quand la BD rend populaire… Louis, qui n'a jamais cherché à l'être, n'a que ce qu'il mérite… La générosité, ça paye.

De fait, 2011-2012 versera dans une folie communicative. Il faut croire que le discours vindicatif du président à la reprise avait été retenu et enregistré cinq sur cinq puisque pour la première fois de son histoire, Montpellier avait démarré le championnat par trois succès consécutifs. L'arrivée du Brésilien Vitorino Hilton, qui avait quitté l'OM car cambriolé avec violence là-bas, avait stabilisé la défense ; le mélange anciens-modernes était de ces alliages qui résistent à tout.

« C'est vrai que le Seigneur est avec nous »

Alors, plus que jamais, dans une délicieuse torture, Louis Nicollin, de plus en plus sollicité à mesure que brillent ses joueurs, confiera volontiers ses angoisses, ses peurs, ses espérances. Pour la plus grande joie de Dadou qui le retranscrira dans ses dessins, de la presse également, enfin, de tout le monde.

Fin août : « On a pris neuf points en trois matches, tant mieux pour nous, on pourrait n'en avoir que trois. On ne va quand même pas en faire six caisses et huit fromages. »

Novembre : « Tout président rêve de gagner une Coupe et d'être champion. La Coupe de France, on peut en rêver et être exaucé. Je sens même qu'on va la gagner cette année. Mais champion de France, c'est impossible. Si on l'est, on fera comme Cabella, on se mettra une crête de couleur sur la tête. Mais si je suis à Paris, Lyon, Lille ou Rennes, je me poignarde le cul avec une saucisse ! Quelle honte ce serait pour eux ! Premiers, ce serait marrant. »

Février : « Je souhaiterais qu'on soit septièmes ou huitièmes. On n'aurait pas 800 °C de fièvre, on serait sûrs de se maintenir. Là, on est deuxièmes et j'ai peur de perdre, de dégringoler. Ouh, ouh, c'est dur ! On est La Paillade, on ne joue pas le titre tous les ans, c'est dur à supporter, on a le treizième budget de France, c'est unique, ça ! Si on me donne à choisir entre gagner la Coupe de France et finir deuxième ou troisième du championnat, je préfère la Coupe, je signe tout de suite ! »

Mars : « Si on devient champion, je serai comme un fou. Je ne me fais pas d'illusion mais c'est vrai que le Seigneur est avec nous. Si on l'est, on prendra l'empreinte des pieds de René Girard et on la mettra dans le ciment. »

1er mai (2-2 contre Évian-Thonon à domicile après une bagarre générale et l'expulsion de Belhanda qui du coup sera suspendu jusqu'en fin de saison) : « Si on était quinzièmes, cette histoire n'existerait pas. Je leur ai dit de ne rien lâcher. Si on avait fait nul à Toulouse et battu Évian, on serait contents. On est toujours premiers quand même... Et j'espère qu'on finira au moins seconds. Le reste, on s'en fout. »

23 mai, deux jours après le sacre obtenu lors de la dernière journée à Auxerre (2-1) : « Champion de France, ça n'est pas pensable, un truc pareil ! Ce n'est pas le plus beau jour de ma vie mais le plus beau de ma carrière de dirigeant, oui. C'est plus fort que la Coupe de France en 1990. Ça m'a fait frémir de voir du monde partout sur le parcours du défilé et même pleurer de voir ces gamins avec leurs parents crier "La Paillade, La Paillade !" Avec Bernard Gasset, quand on a fait la fusion entre mon équipe corpo du Nettoiement

et le club de quartier de Montpellier en 1974, on était contents parce qu'on n'allait plus jouer le samedi mais le dimanche. À cette époque-là, on mettait nos femmes à la buvette pour être sûrs de ne pas se faire piquer de l'argent. Si on racontait tout ce qu'on a vécu... »

Normal que l'homme qui a créé son club soit ému par sa réussite suprême et qu'il pense à toutes ces années folles. Coiffé de sa célèbre crête bleu-blanc-orange, après d'inoubliables festivités qui virent toute la ville fêter l'événement, il pouvait conclure pour le journaliste Éric Champel : « Ce titre, c'est le cadeau d'une vie. » Et Platini a ce souvenir d'un président vaguement submergé par les conséquences financières d'un tel exploit : « Le grand truc de Loulou, comme il avait mis beaucoup d'argent dans le club, ça a été quand ils ont été champions. Là, il a touché le jackpot. Il me demandait : "Michel, c'est combien ce qu'on touche en Champions League ?" Je lui disais : "25, 30, 35, va te renseigner !" Là, il a renfloué toutes les dettes qu'il avait avec le club. Il était bon, Loulou ! » Quelques jours plus tard, Louis devra s'acquitter de la fameuse « prime gag » signée pour son entraîneur : « Putain, mon salaud, tu m'as baisé la gueule ! »

Après la période faste, l'idée première du président sera de garder ses joueurs. « Dans ce groupe, dira-t-il, je n'ai pas vu beaucoup de mecs qui n'aient pas une bonne mentalité. Ils ont chanté, ils ont dansé, ils se sont lâchés mais ils ont été exemplaires. Il y a des clubs où ils doivent avoir le cul un peu plus serré que chez nous. On va faire dans le raisonnable ; mais s'ils ne veulent pas rester, tant pis. Mapou [Yanga-Mbiwa] a un bon de sortie et Giroud a une clause libératoire à hauteur de 16 M€. Mais bon, on va essayer de les garder un an de plus. »

Seconde idée, la plus géniale : grâce au titre et à la Ligue des champions, le club utilisera 20 des 33 M€ reçus pour développer les infrastructures de Grammont jusqu'à en devenir propriétaire.

Mais avant cette superbe consécration matérielle, Montpellier, pour financer aussi son si bel outil, avait dû vendre, éternel problème des clubs français devenus depuis des années une sorte de centre de formation pour les clubs européens les plus huppés. Un an d'exploits, le nez à la fenêtre de la Ligue des champions et au revoir messieurs-dames ! Giroud avait terminé la saison 2012 meilleur buteur de L1 avec 21 buts ; le 11 novembre de cette même saison, il avait connu sa première sélection en Bleu ; c'était la première fois qu'un Montpelliérain jouait en équipe de France depuis Bruno Martini en 1996. Le garder, c'était vivre une saison de plus ; le vendre, vivre plusieurs années. Mapou, perle du centre de formation de Montpellier, irréductible défenseur central aux côtés de Vitorino Hilton, sera transféré quelques semaines plus tard. La saison exceptionnelle, celle de « toute une vie », de Montpellier n'était passée inaperçue de personne.

Alors pour venir s'asseoir parmi les grands, Louis, qui « n'avait pas les chocottes », avait prévenu : « Il n'y aura pas de rallonge ni de joueurs à 400 000 euros par mois. C'est interdit à La Paillade (décidément, cette appellation AOC sera revenue chaque fois qu'il s'agissait de mettre en avant le mental de l'équipe ou la petitesse du budget). Je ne veux pas que Montpellier se retrouve dans la situation de Lens[1] ou des grands princes de Monaco. Je veux qu'on garde les pieds sur terre. Champion, c'est facile de faire signer des joueurs à 200 000 ou 300 000, et si tu descends après, t'es dans la merde. Et tu fais faillite. »

C'est donc sans Giroud, vendu 12 M€ à Arsenal – Montpellier l'avait acheté pour six fois moins à Tours deux années auparavant –, que le club va

1. Lens, champion de France en 1998, est descendu dix ans plus tard, en proie à de graves difficultés qui étaient encore les siennes au moment où Montpellier est devenu champion.

entamer une saison de tous les dangers quand on sait que le plus dur, c'est de se maintenir à son plus haut niveau, surtout pour un club familial. Après avoir été battu à New York par Lyon au Trophée des champions et aux tirs au but, Montpellier se voit attribuer Schalke 04, Olympiakos et surtout Arsenal en Ligue des champions. Il y avait pire, comme groupe. « Je ne pense pas qu'on fera rire la France », avait prédit Loulou, heureux comme un enfant de se rendre au tirage au sort retrouver les grands de ce monde, « les points, il va falloir venir nous les prendre. » De fait, les hommes de Girard ne seront pas ridicules, loin de là, mais il leur manquera le soupçon d'expérience nécessaire pour ne pas finir derniers de la poule avec deux points. Et comme ils échoueront aussi aux portes de la finale de la Coupe de la Ligue, battus 2-0 en demies-finale par Rennes et en seizièmes de finale de la Coupe de France par Sochaux (3-2 après prolongation), on imagine aisément comment Louis a pu vivre cette « saison d'après », sans la moindre miette de récompense à se mettre sous la dent, en dessous de tous ses objectifs les plus pessimistes... Plus mal que son fils Laurent en tout cas qui, après l'Europe, disait ceci : « Dans la vie, il y a des marches très hautes, il faut accepter avec humilité de prendre son temps pour les gravir. Ça nous a enrichis sur beaucoup de points, notamment financiers et sportifs. On a fait avec nos moyens, de l'envie. On n'a pas le même budget, pas le même passé que les autres clubs. Ceux qui pensaient qu'on allait terminer premiers de notre groupe sont incompétents ou stupides. J'ai fait cinq ans de Ligue 2, j'ai vu le National de près, donc, j'ai les pieds sur terre. » Mais il était inévitable que dans ce contexte post-gueule de bois, le père se frite avec son entraîneur, par ailleurs suspendu par l'UEFA pour avoir fait un doigt d'honneur à l'entraîneur néerlandais de Schalke 04, Huub Stevens. La vente de Yanga-Mbiwa à Newcastle (8 M€) durant le mercato d'hiver déterrera complètement la hache de guerre entre les deux hommes. Comme quand Courbis avait annoncé qu'il allait faire carrière dans le théâtre et le cinéma alors qu'il était encore sous contrat avec le club, Girard va, en quelque sorte, faire de même en envisageant devant les médias son futur départ : « Je réfléchis. » Or Loulou déteste qu'on le quitte. Et surtout qu'on l'annonce. « Il n'aime pas ne pas avoir la main. Même s'il pense comme toi, il faut que les choses viennent de lui », reconnaît Girard. De son côté, Louis balançait : « J'apprécie réellement son professionnalisme, accordait-il à propos de Girard.

C'est un gars que j'estime et que j'estimerai toujours. Mais il a dégainé le premier. J'espère pour lui qu'il partira entraîner le Real. »

Robert Nouzaret, qui a connu son lot, nous l'a rappelé : « Louis est un affectif qui dans le passé a eu souvent raison dans le fond mais tort dans la forme. Les années qui passent font qu'on ne lui en veut pas. Ce mec m'a donné tellement d'amour, tellement d'envie... » Girard ne dit pas autre chose aujourd'hui : « À ses débuts, quand il est arrivé, s'il s'était arrêté sur l'autoroute cinquante kilomètres avant Montpellier, à Nîmes, ce club ne serait pas là où il en est aujourd'hui. Il a construit et tenu à bout de bras La Paillade. C'est quelque chose ! »

Malgré tout, Louis gardera un temps une dent contre l'entraîneur qui a fait de son club le champion inattendu de 2012. Interrogé avant le quarantième anniversaire de La Paillade et pendant que le LOSC, entraîné justement par Girard, brillait en championnat, il aura ces mots, d'abord acides : « Je pleure toutes les larmes de mon corps. » Puis, frisant la mauvaise foi, il affirmera : « Si Courbis n'avait pas eu des ennuis avec la justice, René Girard ne serait jamais venu. Alors, halte, là-dessus. »

11

GRAMMONT S'ÉVEILLE, LOUIS S'ÉTEINT

« Et c'était comme si tout recommençait », dit une belle chanson optimiste de Jean Ferrat. Dans l'histoire agitée de Louis Nicollin se cherchant un entraîneur, ces paroles prennent un ton nettement moins amène. Jean Fernandez (ex-OM, Auxerre et Nancy élu entraîneur de l'année par l'UCPF en 2010) arrive ? Loulou fait sa réclame : « C'est un formateur, un bon entraîneur. Ce que j'aime aussi, c'est qu'il ne demande pas de sous ; ça n'est pas son truc. C'est un gars bien qui amènera beaucoup de choses. Je pense que c'est un beau cadeau que je fais à mon fils. » Quelques mois plus tard, après quinze journées de championnat pour deux victoires seulement et alors que Jean Fernandez était toujours son entraîneur, Louis balance : « Je ne lui en veux pas, c'est un mec bien mais j'ai fait une connerie. J'ai voulu écouter Pierre, Paul ou Jacques et là, on n'est pas bien. » Une défaite à domicile, ensuite, et Fernandez posait sa démission, remplacé au pied levé en intérim par Pascal Baills puis définitivement par un revenant de plus : Rolland Courbis ! « Je me faisais du souci pour mon club et j'ai craqué. Rolland a dit oui tout de suite », se justifiera le président. L'effet ne sera pas placebo puisque très vite le club va remonter de la dix-septième à la onzième place avant de finir à la ramasse mais maintenu en L1, Dieu ou Courbis merci !

Et ce dernier ne va pas en rester là puisqu'avec lui Montpellier va obtenir la saison suivante une flatteuse septième place qui pourtant déprime un peu la présidence. Et quand Loulou n'est pas bien, la crise couve. Les signes annonciateurs de la formation de « Cumolo-Nicollinus », nuages porteurs d'orages, s'accumulent. Courbis se demande ouvertement comment il pourra faire mieux que la saison précédente, et c'est le genre de propos tenus devant la presse qui peut irriter Loulou au plus haut point. Maniant le sibyllin avec dextérité, les non-dits et les devinettes médiatiques de Courbis deviennent pesants.

Cette saison 2014-2015 sera également marquée par trois événements importants qui ont tous un lien entre eux. Le club devait fêter le 40e anniversaire de sa fondation le 15 novembre. Mais à une semaine d'intervalle, deux inondations encore plus terribles que celle de 2003 viendront rebattre les cartes. Pelouse, vestiaires et loges sont sous l'eau. On constate alors que c'est Laurent Nicollin qui prend ces choses en mains. Il s'interrogera publiquement sur la nécessité d'envisager un nouveau stade loin de cette si capricieuse Mosson qui déborde au moindre verre d'eau. Mais la mairie s'y oppose déjà, arguant de symboles auxquels on ne doit pas toucher, ni sociologiquement ni humainement. Ce que l'on peut traduire par « quartier de La Paillade *forever* ». Ça coûte moins cher (six millions d'euros de travaux de réhabilitation quand même pour la mairie et l'agglomération) que de construire un nouveau stade de 25 000 places. Et comme le dira Louis : « Je ne vois pas où on va le trouver, le pognon, pour un nouveau stade. » En attendant, le MHSC disputera ses matches à domicile au stade Altrad, celui du rugby, du 8 octobre au 5 janvier, et les réjouissances du 40e anniversaire seront remises au 31 mars 2015, une poignée de jours après l'inauguration du centre Bernard-Gasset.

Le 27 mars 2015 en effet était inauguré le centre d'entraînement « Bernard-Gasset – Mutuelles du Soleil ». « Sans lui, nous n'aurions jamais réussi cela », dira Loulou durant son speech. Et sans l'argent de la Ligue des champions non plus, on l'a vu. Quant à Éliane, l'épouse de celui que l'on surnommait avec affection « Papy Gasset », elle aura ces mots émouvants : « Depuis le départ de Bernard il y a treize ans, Louis continue d'entretenir formidablement la flamme qui unit nos deux familles. » La plaque commémorative qui « ouvrira » l'entrée du centre d'entraînement sera dévoilée par Jean-Louis Gasset et sa maman.

Et en ce jour-là, le sourire de Louis Nicollin ne trompe pas. Les retrouvailles avec Jean-Louis Gasset ont été chaleureuses. Que le centre d'entraînement porte le nom du père fit l'effet d'un puissant onguent sur les plaies. « Louis m'a dit : "Toi, tu es un bonhomme !" Je savais qu'un jour on serait là tous les deux, mon père et moi, avec Louis au milieu », témoigne Gasset fils. Louis peut donc se balader, apaisé, serein, fier du boulot accompli depuis quarante ans, au milieu des sept terrains qui parsèment les onze hectares du centre, inclus le bâtiment ultramoderne pour les pros filles et garçons, les vestiaires filles et garçons, la salle de musculation, les structures médicales, la salle de vidéo. Un formidable outil des temps modernes après quarante ans de progression. La Paillade est-elle si loin ? Les terrains portent des noms de joueurs, toujours cette gratitude chevillée au corps de Louis : Valadier, deuxième meilleur buteur de l'histoire du club (70 buts), Yanga-Mbiwa, Blanc, Jean-Louis Gasset, Jean-Claude Rouvière (340 matches pour le MHSC), Pascal Baills (429) et le terrain d'honneur Mama-Ouattara, le joueur qui a disputé le plus de matches de Coupe de France sous les couleurs pailladines (37) décédé en 2004. Les places de parking qui jouxtent les bâtiments portent les noms de Louis Nicollin, de ses fils. Et aussi, à côté, il y a celle de Michel Mézy...

Cette journée qui sera inoubliable, avec tous ses invités qui ont fait l'histoire du club : les Mézy, Nouzaret, Blanc, Bonnet, Gasset fils, etc., en précédera donc de peu une autre, celle du 40e anniversaire. Le gros de la cérémonie a lieu au mas Saint-Gabriel où se pressent plus de mille invités ! Laurent Blanc, 84 buts, 291 matches, élu « joueur des 40 ans », est radieux, et Louis Nicollin prend la parole : « Je voudrais dire à René [Girard] que tu fais partie de la grande famille de La Paillade. Ce titre restera inoubliable. Sans toi, le club ne serait pas tout à fait ce qu'il est. Merci. » Des excuses en public qui toucheront au plus près l'artisan du sacre que Loulou avait rabroué, on l'a vu, quelques semaines auparavant. Mais ce qu'on remarquera aussi, c'est l'absence de Rolland Courbis sur le podium. S'il n'a effectivement rien gagné, le truculent entraîneur avait quand même sauvé le club de la noyade définitive, quand Peybernes planchait sur un budget pour le National avant d'aller écouter « Smoke On The Water » au Zénith… Du coup, Rolland l'aura mauvaise et, lors de la cérémonie, balancera, aigre : « Toutes ces félicitations me font plaisir ; le titre de champion de France et tout ça. Mais, rassurez-moi : si on n'était pas montés de L2 en L1, il n'y aurait pas toutes ces félicitations… »

Mais Loulou avait gardé une dent contre lui. Ancien entraîneur mais pas ancien joueur du MHSC, Courbis s'était fait traiter de « fumiste » par son président devant la presse quand il avait annoncé (maladroitement ou pas ?) qu'il allait snober la course à l'Europa League, ce qui, vu du gestionnaire qui compte ses sous (une moyenne de 12 000 spectateurs malgré une septième place a déprimé le créateur de La Paillade) était inadmissible. Courbis avait creusé sa tombe. Sciemment ? Il savait que si les résultats ne suivaient pas, il ne résisterait pas au courroux local. Et ils ne suivront pas. En décembre, malgré des excuses publiques à son endroit lors des vœux de Noël (« je répare un oubli, dira Loulou, si on n'était pas montés, on n'aurait pas pu être champions »), Rolland

Courbis invoque une lassitude mentale – en proie à des problèmes familiaux – et médicale puis rend son tablier, préférant devancer l'appel. Était-il déjà approché par les dirigeants de Rennes où il signera quelques semaines plus tard comme le subodoraient les médias ? « Non, répond-il aujourd'hui. Je suis parti me reposer trois semaines à Merano. Le président de Rennes m'a appelé et m'a fait une proposition pour le mois de juin. Mais quelques mauvais résultats plus tard, Rennes s'est dit : pourquoi ne pas me prendre plus tôt que prévu ? Quitter Montpellier parce qu'un club m'a contacté sans en discuter avec Loulou alors qu'on faisait de mauvais matches ? Je n'en aurais pas été capable. »

Mais, vous l'imaginez bien, tout cela sera fort mal vécu par Louis et son fils Laurent dont l'importance va croissante au fil des saisons. Rolland le truculent avait aussi découvert qu'il ne serait pas prolongé (Laurent était pour, Louis contre, « c'est moi qui paye, j'ai encore le droit, non ? ») et que Michel Der Zakarian, ancien défenseur du club de 1988 à 1997, toujours cette volonté de faire appel à des anciens, était d'ores et déjà pressenti.

Ce fameux 40e anniversaire avait été l'occasion pour Louis de se livrer à un joli bilan sentimental pour le quotidien *L'Équipe*. Il y avait été question de fidélité qui venait « peut-être de [s]on métier » : « J'ai cinq mille employés. Moi, j'aime les hommes et ceux qui ont rendu service. Je ne peux pas m'en séparer, ça m'est difficile. Le club a été le premier à faire ces choses-là, pratiquement depuis le début, dès que j'ai eu le centre de formation vers 1980. Les gens qui ont joué chez nous, qui ont marqué le club et ont été d'une mentalité irréprochable, c'est normal de leur donner une chance après. On sait qui on a en face et ils aiment les couleurs du club. Ceux qui m'ont demandé de revenir, je les ai toujours casés. »

« Casé », Faouzi Mansouri, ex-joueur… nîmois puis de Montpellier, deux Coupes du monde avec l'Algérie dont celle de 1982 avec la fameuse victoire contre la RFA à la clé, le fut. Une fois qu'il eut raccroché les crampons, son président lui fit cette typique proposition et dans la forme, et dans le fond : « Si tu veux travailler, tu as un poste aux Antilles ! » Faouzi n'hésita pas et y demeura plus de dix ans avant de rejoindre Nîmes, toujours pour le groupe Nicollin. Il en ferait encore partie s'il n'avait pas succombé à la maladie de Charcot courant 2022.

« Je ne peux pas m'en séparer, c'est difficile », disait donc Loulou. Pourtant, en cette même année 2015, les choses vont mal se passer avec Jean-Claude Lemoult, qui fut pourtant l'exemple archétypal de la stratégie nicollinienne. L'ancien milieu de terrain avait paraphé son premier contrat de joueur montpelliérain dans le bureau de Versailles où il restera vingt ans ! Passé dans le groupe dès 1994, il était devenu directeur de l'entreprise de nettoyage maison à Buc/Versailles en région parisienne, responsable, on l'a vu, des clubs parisiens de basket et de hand, salarié durant plus de vingt ans. Il annonce son départ : « Je l'ai averti que je quittais l'entreprise pour des raisons personnelles et ça s'est très mal passé. Il ne m'a plus parlé. J'ai voulu lui expliquer : “Il faut qu'on mange ensemble”, il me demande : “T'as changé d'avis ? Non ? Casse-toi !” Je suis parti à l'UEFA... » Voilà. Comme une douloureuse exception dans le relationnel d'un président qui a toujours eu un mal fou à encaisser le départ d'une de ses ouailles de son plein gré. Delmas, Mézy, Lemoult... Mais s'il était encore de ce monde, il y a de fortes chances que le différend aurait été aplani. Hélas... « Et je ne pourrai jamais revenir au mas, dit Lemoult. Je me verrais mal y retourner dans son dos, ça me gênerait beaucoup. Question de principe. Peut-être en ai-je trop ? »

« Je suis un affectif, je suis né comme ça. Mes joueurs, je les adore ! »

Quoi qu'il en soit, six ans après le décès de Louis, on dénombre soixante-huit anciens joueurs qui ont été réembauchés par le club à un poste ou à un autre, parmi lesquels, entre autres, Barrabé (comme quoi, Loulou n'était pas rancunier), Bernardet, Carotti, Delmas, Der Zakarian, Di Nallo, Ferhaoui, Gasset, Hilton, Laurey, Prunier, Silvestre, Stojkovic, Suvrijn, Utaka… et quinze, comme Mansouri et Lemoult, dans le groupe Nicollin : les Castro, Cristol, Ducuing, Duch, Lucchesi, Terrasse, Valadier, etc. Et de poursuivre dans la même veine. Loulou, si heureux de tendre la main disait encore : « Honnêtement, je cherche une déception… je n'en ai pas. Ils se sont tous mis au boulot, les mecs. J'en ai même qui négocient les marchés pour gagner des villes et qui sont de bons cadres. Généralement, les sportifs sont bons. Ils sont sains. J'ai été élevé au milieu des employés de mon père. Je ne suis ni énarque, ni licencié en ceci, cela, mais ça m'a permis au moins de connaître les hommes. Et, je touche du bois, je ne me trompe pas souvent. »

Transmettre les valeurs, transmettre le bonheur que sa vie lui a procuré, ce furent les éternels credo présidentiels. « Qui mieux qu'un ancien joueur pour ça ? demandait-il. La fidélité au club, l'amour du maillot, c'est ce qu'on demande le plus. À La Paillade, ça existe encore. Et les gens qui passent par Montpellier se souviennent de Montpellier. Et pour la plupart sont contents d'y revenir. Moi, je suis très affectif, je suis né comme ça. Mes joueurs, je les adore. » Fin de la parenthèse et retour sur la mi-saison 2015-2016, sans Courbis.

Pour lui succéder, dans un premier temps, Louis pense à... René Girard. « 'Y a bien des mecs qui divorcent et reprennent leur femme ! se justifiera-t-il. Tu viens, tu reviens, tu pars, tu reviens... Cela fait partie des histoires de La Paillade, comme avec Michel Mézy et Robert Nouzaret qui sont toujours revenus après des moments chauds. Même là, Mézy a failli reprendre le survêt' ! J'ai pas voulu le bouger, je pensais qu'il allait dire oui de lui-même. Ça a été à deux doigts. Mais pour René Girard, ça a échoué. » Poliment, prudemment, Girard avait refusé l'offre...

Du coup, après un rapide tour de table, la maison Nicollin va jeter son dévolu sur Frédéric Hantz, dont l'excellent travail à Bastia avait plu. Le temps presse car les deux intérimaires, Martini et Baills, ont connu trois défaites. « Je pense qu'il est bosseur et il a l'air d'avoir une grosse paire. C'est pas facile de prendre le club en ce moment ! » dira Louis sobrement. Pour Hantz, aujourd'hui, ça fait partie de ses meilleurs moments : « Dans toute histoire d'amour, on se souvient de la première fois », dit-il. Presque méridional, il est né et habite Rodez, à une heure et demie au nord de Montpellier ; c'est un personnage original, sensible. Il est disponible et enchanté. « Entre le premier coup de téléphone et notre première discussion qui a eu lieu en compagnie de sa garde rapprochée, Peybernes et Carotti, j'avais beaucoup travaillé. Et, là, Louis me dit : “Si on se maintient, 500 000 euros de prime, ça te va ? Pour le contrat, tu vois ça avec Philippe et Laurent.” J'étais scié. »

Un peu plus tard, sa présentation à la presse (où nous étions présent) sera cependant surréaliste. En guise de bienvenue, Louis s'en prit très violemment au *Midi Libre* dont la photo à sa Une montrant Courbis faisant la bise à son successeur l'avait rendu fou. Devant les journalistes éberlués, son fils Laurent et Frédéric Hantz, il avait éructé : « Ça, c'est indigne d'un journal. Je vous le dis, moi, c'est indigne. Vous avez un chef des sports qui est une grosse bite. Et je n'ai pas honte de le dire. Je ne peux supporter des choses pareilles. On a été floués, on a été trompés et vous continuez à faire des pipes. C'est impossible, ça, et je ne l'accepte pas. » Le plus scotchant fut, en définitive, son absence quasi totale de commentaire au sujet du nouveau venu qui devait déjà se demander dans quelle cocotte infernale il était tombé et s'il n'allait pas frire dedans... D'ailleurs, son mutisme inédit par rapport à son entraîneur se poursuivra par la suite malgré les brillants résultats que Hantz obtiendra très vite, propulsant un Montpellier retrouvé de la dernière place à la douzième. Louis a, semble-t-il, définitivement passé la main à son fils Laurent.

Mais comme avec Courbis, c'est après, la saison d'après, que tout va se gâter. Et toujours en hiver. Et que le père va retrouver de la voix. Dommage, Hantz appréciait « l'appeler tous les vendredis pour lui donner [sa] compo d'équipe et lui faire un débrief le lendemain du match ». « Je lui racontais aussi, poursuit-il, ce qui pouvait parfois se passer aux entraînements. Si un joueur ne m'y semblait pas à 100 %, il me disait : “Celui-là, s'il te casse les couilles, je le vire !” Mais d'une façon générale, Louis me semblait fatigué et j'avais plus souvent affaire à Laurent au quotidien. »

Las. Loulou va dégainer le premier suite à de mauvais résultats dont une défaite 5-0 en trente-deuxièmes de finale de la Coupe, à Lyon. Mauvais résultats + Lyon + Coupe = Tout pour remonter Loulou. Il balance : « Je me pose des questions sur le coaching de l'équipe, on est capables de faire des bons matches et après de tout laisser tomber. Moi, je clame qu'il fallait recruter un grand défenseur, l'entraîneur est caractériel, je me pose des questions. Ce n'est pas normal qu'on prenne deux buts à Lyon en dix minutes ; on n'est pas une équipe amateur ! C'est grave ! On devrait se battre, mais là c'est triste, triste... Je suis en colère contre mon entraîneur et mon équipe. Je commence à en avoir plein le cul. On n'a pas les moyens de le licencier, mais c'est à lui de faire son boulot. »

Fier Ruthénois, Hantz ne va pas se laisser faire, d'autant qu'il a alors le soutien des Ultras lassés des « je t'aime moi non plus » présidentiels : « Pour moi, dans mon esprit, ça représente une rupture. Je pense que Louis Nicollin était très déçu de notre défaite à Lyon, il a le droit de l'être, c'est normal. Mais là, c'est une phrase lourde de conséquence. » Louis, qui a horreur que son entraîneur s'épanche dans les médias, balance à son tour : « C'est qui le patron ? C'est encore moi, que je sache ! Si ça lui a fait mal, tant mieux, au moins il se bougera. Je n'ai pas pour habitude de revenir sur ce que j'ai dit. Dans mon entreprise, quand un directeur n'est pas content, il ne s'épanche pas. Si c'est une pleureuse, ce n'est pas ma faute. Qu'il me démontre le contraire samedi en gagnant le match contre Dijon. » Laurent Nicollin et Michel Mézy tenteront une ultime réconciliation en proposant à son entraîneur de rencontrer le paternel au mas Saint-Gabriel. L'entrevue aura lieu mais se passera infiniment mal. Mézy n'y assiste pas. Erreur ? Hantz ne cède pas, déplore le nombre trop important d'intervenants dans son travail et rend donc fou son patron, qui lui « aurait cassé la gueule s'il avait vingt ans de moins ».

« Je crois que si j'avais voulu rester à Montpellier, j'aurais pu continuer. Mais je suis resté obtus », concède Hantz, aujourd'hui.

Il sera fatalement mis à pied – « le club a été d'une extrême correction ; je n'ai pas eu de mauvaise surprise. De toute façon, c'est facile de travailler à Montpellier. Il n'y a aucune perversité de qui que ce soit ; ça n'est pas comme ça partout, loin de là » – et comme d'habitude, Louis se tournera vers des anciens du club, en l'occurrence Jean-Louis Gasset et Ghislain Printant pour sauver ce qui peut l'être.

Jean-Louis s'en souvient terriblement bien car il venait juste de perdre sa femme :

« Louis était venu à son enterrement le jeudi. C'est plus que troublant parce que ma femme est morte le jour de son anniversaire, le 21 janvier, et Louis a fait de même, le jour de son anniversaire, six mois plus tard... Bref, le dimanche, il en prend cinq à Marseille. J'étais seul dans ma maison devenue trop grande. Mon portable sonne, je n'ai pas répondu tout de suite ; il était tard :

"Jean-Louis, il n'y a que toi qui puisses me sauver.

– Vous avez vu mon état ? Je dors dans un lit de camp depuis *x* temps...

– Réfléchis..."

J'ai réuni ma famille, les enfants et ma mère. Celle-ci me dit alors : "Il aurait dit quoi ?" faisant référence à mon père. Je me suis mis à pleurer. "Ton ami est dans la merde"... Je n'étais pas très fringant mais entraîner à nouveau, c'était une thérapie. »

Pour Gasset, la mission était de remporter cinq matches pour sauver le club, et ce fut fait dans la douleur. « Ce fut juste ! Entre le mur et l'affiche. Puis je lui ai dit que j'arrêtais, que c'était trop dur. Et là on a eu une discussion tous les deux que personne ne saura jamais, jamais ! Il n'y a que ma mère qui sait.

Je quitte Louis, et il part… On avait rendez-vous, et il nous a quittés… »

Nicollin lui avait donc une fois de plus tendu la main, comme à Mézy, comme à Nouzaret. Ce serait son dernier geste, et c'est souvent de cela que voudront se souvenir ses ex-entraîneurs, bouleversés par son brutal décès le 29 juin de cette funeste année 2017, un bon mois après la fin du championnat.

« Ni autobiographie, ni émission de télévision à la con »

Ce jeudi-là, Louis était venu fêter son soixante-quatorzième anniversaire à Garons, près de Nîmes, au restaurant Alexandre de Michel Kayser, doublement étoilé. Ses fils n'étaient pas là mais ils étaient une dizaine à l'accompagner, dont son épouse, Colette. Après un apéro pris sous un bon soleil et les frondaisons, chacun a regagné l'intérieur qui était privatisé pour l'occasion. Louis a mangé léger et apprécié. Gilbert Varlot témoigne : « Je lui avais envoyé un SMS de bon anniversaire le matin. Comme je ne pouvais être là et que je trouvais que pareille occasion méritait mieux, je l'ai appelé au téléphone. Sa voix était tellement lointaine, caverneuse que je lui ai demandé où il était ? Il m'a répondu : "aux chiottes" ! Je n'ai pas eu l'impression qu'il allait mal. Je ne pouvais imaginer que je serais le dernier à lui parler… » Lui, l'ami de toujours, de Lyon, de Montpellier, de toute une vie… Car de retour des commodités, Louis s'est assis, essoufflé, a dit sa grande fatigue et fait un malaise. Le temps que les pompiers arrivent, un massage cardiaque a été pratiqué ; il semblait qu'il allait récupérer. Mais il succombera durant son transport à l'hôpital, ce dont quelque part n'avaient douté ni Michel Mézy, ni… Colette. Le premier revient difficilement et douloureusement sur son cruel pressentiment. Il parle au présent, comme très souvent lorsqu'il évoque son ami disparu. : « On m'a enlevé le lobe du poumon. Un cancer. Je suis en convalescence ; Louis appelle ma femme pour lui demander comment j'allais. Je lui envoie un texto mais je le rappelle à midi parce que sa réponse ne m'avait pas plu. Moi : "On ne peut pas fêter cet anniversaire-là ensemble mais on fêtera les autres." Lui : "Il faut prendre ce qu'il y a à prendre." Cette réponse m'a interpellé. À midi, il me dit qu'il est en pleine forme ; je ne le crois pas. À 15 heures, le type du restaurant m'appelle et me dit : "Ton copain a eu un malaise." Je lui ai répondu que j'étais sûr que

Louis était mort. Il me répond : “Non, non, ils l'ont emmené !” À 16 h 30, Laurent m'appelle…

Un mois auparavant, Michel et Louis étaient montés au Stade de France pour assister, entre autres, au lever de rideau de la finale de la Coupe de France PSG-Angers. Ça les concernait directement puisqu'il s'agissait de la finale de la Coupe Gambardella OM-Montpellier. Leur club l'emportera aux tirs aux but. Malgré cette victoire qui aurait dû faire exulter un président qui n'aime rien tant que de voir ses jeunes en plein boum, celui-ci semblait las. « Il était très fatigué, se souvient Mézy. Dans sa loge, Papin et Huard sont venus le voir et le féliciter mais il semblait déconnecté, ailleurs. »

Quant à Colette qui, bien sûr, connaissait son mari mieux que personne, elle constate : « Louis ne parlait jamais de la mort. La seule fois où il en a vraiment parlé sérieusement, ce fut le jour de son départ ! Au cours du repas, il a commencé à évoquer le caveau familial à Marsillargues et a demandé s'il était à l'ombre. On lui a répondu qu'il y avait un pin juste à côté qui en faisait et il a répondu : “Bon, ça va.” Il a toujours eu une prescience extraordinaire pour les gens et les choses. Celle de son départ m'a beaucoup impressionnée. Il est parti apaisé. C'est comme s'il avait choisi sa mort, le jour de son anniversaire. »

Le 4 novembre 2024, on fêtera les cinquante ans de la création de La Paillade. Louis n'en sera pas, et bien des yeux s'embuent encore, à l'idée de cette absence. Au journaliste du *Midi Libre* Jean-Michel Izoird, il avait un jour confié : « Une fois que j'aurai cassé ma pipe, dis-leur bien à tous que je ne veux ni autobiographie, ni émission de télévision à la con. Les livres, quand le mec n'est plus là, on y écrit n'importe quoi. Par contre, s'ils insistent vraiment, envoie-les voir mon ami Dadou, il leur fera un dessin. Là, au moins, on pourra rigoler. » Louis, excuse-moi pour cette autobiographie dans laquelle j'ose espérer ne pas avoir trop raconté de boniments. Mais notre pote Dadou y a fait un dessin. Alors, tu me pardonnes ?

Et aujourd'hui, sa présence est toujours palpable. « Il est là ! » disent à l'unisson les Platini, Mézy, Courbis, Domergue, Vendroux… Ce dernier aime à dire, et c'est exactement cela, que « Louis a mélangé l'affect et le professionnalisme même quand les décisions étaient compliquées. Un jour, je l'ai vu rencontrer un ancien joueur : "Qu'est-ce que tu deviens ?" Lequel joueur avait une vie difficile. Louis est revenu avec mille balles : "Tiens ! C'est entre toi et moi !" » Colette a appris après sa mort qu'il avait aidé bien plus de personnes encore qu'elle ne pensait, venues témoigner leur gratitude.

À la Mosson ou à l'extérieur, les supporters observent toujours, sept ans après, une minute d'applaudissements. Sous le soleil languedocien, autour d'un tréteau, d'une table, d'une estrade, d'une discussion, au mas ou au club, on s'attend toujours à ce qu'il apparaisse, toute gouaille et générosité dehors. Son épouse Colette est la meilleure de ses ambassadrices. De lui, du groupe et du club, dont elle est la directrice de la communication. Un groupe qui, drivé par Olivier, s'est diversifié, passant de cinq cents employés quand Louis en a pris la main à plus de dix mille en 2024. Un club qui, drivé par Laurent, a su se maintenir en première division, depuis la mort de son si généreux géniteur. Ses fils ont su faire perdurer son bonheur communicatif d'avoir tout créé de ses mains et fait croître le groupe dont le N majuscule est visible sur maints camions de ramassage dans tout l'Hexagone. Un Trophée Colette-Nicollin récompense à chaque fin de saison le meilleur élément du centre de formation, qu'il s'agisse du football ou de ses études. Elle est aussi la présidente d'honneur du club féminin. Forte de sa famille si soudée, de tous ses amis toujours présents au club, la si belle âme de Louis peut se balader aujourd'hui de proche en proche comme pour nous susurrer : « Dirons-nous que j'en ai chié mais ça valait vraiment le coup ! Et j'ai confiance dans mes deux fils qui sont ma plus grande réussite. » Sans oublier sa fille, La Paillade.

Remerciements

À la famille Nicollin, Colette, Olivier et Laurent, qui m'ont fait confiance sans me relire au préalable.

À Gilbert, aux Michel, à Robert, Jean-Louis et tous les autres intervenants.

À Robby et sa photocopieuse.

À Louis, enfin, inoubliable soleil radieux de mes années *L'Équipe* et *France Football*.

Crédits photographiques

Couverture : Sipa

Cahier photos :
Page 1 : Presse Sports
Page 2 : Presse Sports (haut), Wikimedia Commons (bas)
Page 3 : Presse Sports
Page 4 : Presse Sports
Page 5 : Presse Sports
Page 6 : Presse Sports
Page 7 : Presse Sports
Page 8 : Presse Sports
Page 9 : Presse Sports
Page 10 : Presse Sports (haut), IconSport (centre et bas)
Page 11 : Presse Sports
Page 12 : Presse Sports
Page 13 : Presse Sports (haut), IconSport (bas)
Page 14 : IconSport (haut), Panoramic (bas)
Page 15 : Presse Sports (haut), IconSport (bas)
Page 16 : Jean-Marie Lanoë

Table des matières

SOLAR

Directeur : Didier Férat

Direction éditoriale : Jean-Philippe Bouchard

Édition : Corentin Bréhard

Mise en pages : Nord Compo

Fabrication : Emmanuelle Laine

Correction : Judith Lévitan

Pour plus d'information :

www.lisez.com

Imprimé sur du papier issu de forêts gérées durablement.

Achevé d'imprimer par
Normandie Roto Impression s.a.s.
N° d'impression : 2404034

Imprimé en France